DISRUPT YOURSELF

10 Management Courses from Geely

颠覆自我

吉利的十堂管理课

[法] 王华　[美] 张文献　[中] 凌建平 ◎著

机械工业出版社
CHINA MACHINE PRESS

低成本往往是中国中小企业在起步阶段广泛采用的战略。但是，公司如何实现战略升级，创造更高的价值，却是不少企业的一大困惑。本书深度剖析汽车制造业标杆企业吉利集团的多次战略转型，探寻其从低成本到高价值创造的发展历程，从工商管理的视角，为中国的中小企业，尤其是处于不同发展阶段的制造业企业，提炼出 10 条富有实操性的战略升级与落地路径，以期为汽车业内人士、产业研究者和消费者提供国产汽车品牌全球化发展的深度解读。

北京市版权局著作权合同登记　图字：01-2023-0531 号。

图书在版编目（CIP）数据

颠覆自我：吉利的十堂管理课/（法）王华，（美）张文献，凌建平著 .—北京：机械工业出版社，2024.4

ISBN 978-7-111-75786-3

I.①颠⋯　II.①王⋯②张⋯③凌⋯　III.①中小企业 – 企业管理 – 研究 – 中国　IV.① F279.243

中国国家版本馆 CIP 数据核字（2024）第 094763 号

机械工业出版社（北京市百万庄大街 22 号　邮政编码 100037）
策划编辑：秦　诗　　　　　　责任编辑：秦　诗
责任校对：曹若菲　丁梦卓　　责任印制：邸　敏
三河市国英印务有限公司印刷
2024 年 6 月第 1 版第 1 次印刷
170mm×230mm・16 印张・1 插页・207 千字
标准书号：ISBN 978-7-111-75786-3
定价：79.00 元

电话服务　　　　　　　　　网络服务
客服电话：010-88361066　　机 工 官 网：www.cmpbook.com
　　　　　010-88379833　　机 工 官 博：weibo.com/cmp1952
　　　　　010-68326294　　金 书 网：www.golden-book.com
封底无防伪标均为盗版　机工教育服务网：www.cmpedu.com

PREFACE ◂ 序

自 2008 年全球金融危机爆发以来，尽管全球汽车产业步履蹒跚，但中国还是把握住时机迅速成为全球最大的汽车生产国。中国汽车产业的迅猛发展，是中国强大的制造业经济的具体体现，而吉利汽车的发展历史，则是一个最佳案例。

本书详细分析了吉利作为一家民营车企立足中国、拓展全球的发展史。吉利的创业可以追溯到 20 世纪 80 年代中期，起步于冰箱零部件制造和摩托车制造，逐渐成长为中国民族汽车畅销品牌以及全球汽车行业的重要参与者。本书从学术的角度进行严谨的案例分析，并以资产寻求为目标的对外直接投资（Asset-seeking Foreign Direct Investment）这一国际商务框架作为理论支撑，不仅详细研究了吉利成功收购沃尔沃的案例，还进一步分析了吉利近年来与戴姆勒、伦敦电动汽车、宝腾和路特斯等公司达成的多项战略协议。

此外，本书还通过对吉利的产品研发、公司架构、企业文化、品牌发展、人才和跨文化管理战略，以及李书福个人的企业家精神等多方面的分析，全方位地向读者呈现这家尚未被国际大众熟知的中国民营车企。从其初创时期技术上的捉襟见肘，到如今在产品、服务和商业模式创新方面的颇有建树，吉利作为一个"新生代"中国车企已然在世界舞台上脱颖而出。

面对清洁能源、物联网、人工智能、智慧出行等方面的诸多挑战,吉利更是希望能够在 21 世纪的全球化时代继续发挥越来越重要的作用。

  本书的作者也尽力把吉利的公司案例与相关的工商管理理论紧密结合起来,以期帮助业界人士提升理论思想高度,并为其他学者进一步深入研究走向全球化的中国公司抛砖引玉。

托马索·帕尔迪(Tommaso Pardi)博士
全球汽车产业研究中心(GERPISA)主任

INTRODUCTION ◂ 前言

　　为何是吉利,从三十年前的小微企业持续发展,最终成为世界五百强的跨国公司?为何是吉利,从原先制造冰箱零部件的小企业,进入资本技术密集型的汽车产业,并进入多个新技术领域?为何是吉利,从家族企业演变为上市公司,并将业务分拆上市,不断扩大商业帝国?

　　本书不仅仅叙述一个企业的发展轨迹,更希望借助吉利的案例,提炼出中国中小企业发展壮大的深层次商业逻辑。

　　第一,恪守民营企业的灵魂——企业家精神。不同的历史阶段有不同的发展机会,而企业家精神,首先就是日复一日地贴近设定的目标,而且目标会随着阶段变化而动态发展,然后在发现市场机会之后,如猛虎下山、似蛟龙出海,打破包括市场准入、技术壁垒、资本运作等种种枷锁。李书福在企业发展多个阶段的重要战略升级,包括产品定位、国际化、商业模式创新等,就是一个典型例子。

　　第二,保持四个维度(产品、技术、品牌及资本)的动态平衡。无论是实体型企业,还是服务型企业,在发展壮大的过程中都需要考虑上述四个维度的动态平衡。以制造型企业为例,那些有技术与工程师背景的企业家,往往在前两者中投入很多精力,而忽略了后两者的重要作用。吉利在掘到了"第一桶金"之后,很快开始关注品牌和资本运作,并由此得到跨越式发展,很值得中小企业借鉴。当然,吉利更是在商业模式创新范畴迈出了一步,持续突破自己的舒适圈,扩大企业的抗风险能力。

第三,拥有中国制造、全球布局的大胆识和大格局。从中国企业发展的角度看,协同中国市场与全球市场,不断扩大企业的发展空间,是重要的战略选择。在最近几年全球供应链格局重塑的大背景下,中国企业依然有巨大的海外市场发展空间,时不我待!部分企业家以自己"不会英文""不懂国际市场"为由,放弃了海外市场。其实,这恰恰是企业家精神的悖论。企业家并不要求是全才,既然能够在国内整合资源创业,为何自认为一定走不出国门?企业家的格局限制了企业的发展!李书福面对沃尔沃的股东和工会代表,只需要用英文说"I Love You"。

第四,信守文化与社会责任。企业从小到大,从企业家精神,逐步提炼与升级成为企业的文化,这是个动态演化过程。从民营企业变成上市公司,从制造型企业变成多业态集团公司,直到升级成为跨国公司,公司文化与社会责任,也都需要动态升级。吉利的发展过程,给有志于发展壮大的中小企业提供了有益的借鉴。

本书的目的是系统性地呈现中小企业的发展逻辑,为此我们特别采用了商学院和管理学院十堂课的方式,专注分析吉利的案例,从现象到本质做系统性剖析,这也正是本书与众不同的分析视角。以 MBA(工商管理硕士)、EMBA(高级管理人员工商管理硕士)项目为例,在过往的商学院案例教学中,往往是不同的老师分别用不同的案例,去阐述某一个学科的问题。而本书试图用一个大案例,去覆盖十门课程的内容,包括企业家精神、公司战略、品牌策略、研发创新、产品架构、商业模式、跨境并购、资本运作、企业文化、可持续发展。对于希望进一步了解每个课程背后的理论框架的读者,本书在每个课程的最后部分提供了理论探讨。这对于对理论与实践相结合感兴趣的读者来说,也是一个重要收获。

由此，本书希望为中小企业的企业家和管理者，提供企业成长发展的范式性思考。当然，对于已经就读 MBA、EMBA、EDP（高级经理人发展课程），以及希望就读工商管理课程的管理者，本书也可以提供一个相对系统性的案例。对企业家而言，全书的阅读毫无疑问是值得的。对于管理者来说，可以先选取与自己工作相对比较接近的某个课程开始阅读，包括理论探讨部分。当然，从自身职业发展的视角，通读全书，一定会帮助管理者站在更高的视角，看自身部门的功能与未来发展的可能性（例如业务的全球化、商业模式创新对本部门的影响等）。

成功的企业，有其成功的发展之道！现在，让我们一起向中国的跨国公司学习持续成长、动态创新、全球视野的精髓，夯实你的壮大之路！

目录 ▶ CONTENTS

序
前言

01 第 1 课　企业家精神
从放牛娃到跨国公司董事长　/ 1

放牛娃李书福：摆脱贫穷是最初的动力 / 2
创立吉利汽车：李书福汽车人生新开始 / 7
从家族企业到现代企业：李书福对吉利的改造 / 9
李书福的企业家精神 / 13
理论探讨：中国企业家精神的理论框架 / 20

02 第 2 课　公司战略
从埋头拉车到超前布局　/ 23

李书福的理念：战略升级的关键 / 24
李书福的吉利版图：汽车狂人的过去、现在和未来 / 25

李书福的精神：吉利的四次战略升级 / 33
李书福的精华：吉利的全球化战略 / 40
理论探讨：新兴国家跨国公司理论框架 / 46

03 第 3 课　品牌策略
从多品牌到一个吉利，再到群狼并进　/ 49

第一阶段：一款车一品牌，主打性价比（1997—2006 年）/ 51
第二阶段：定位细分市场，打造多品牌矩阵（2007—2012 年）/ 56
第三阶段：回归一个吉利品牌，打造每个人的精品车
　　　　　（2013—2018 年）/ 58
第四阶段：发力电动汽车与豪华车，群狼战术再起
　　　　　（2019 年至今）/ 60
理论探讨：多品牌矩阵 / 70

04 第 4 课　研发创新
从模仿、追赶到共创　/ 73

CEVT：因完成一件件大事而自豪 / 74
CEVT：李书福非凡创造力的体现 / 76
CMA：吉利和沃尔沃共同打造 / 78
领克：带着吉利飞跃 / 81
理论探讨：新兴国家跨国公司的技术追赶理论和
　　　　　"资产寻求"战略 / 84

05 第 5 课　产品架构
从逆向工程到架构创新　/ 87

产品架构第一阶段：基于逆向工程的产品开发（1998—2006 年）/ 88

产品架构第二阶段：试图迈向正向开发（2006—2013年）/ 92
产品架构第三阶段：准开放架构平台和正向开发平台并存
　　　　　　　　（2014—2017年）/ 97
产品架构第四阶段：基于沃尔沃，力争自主开发为主
　　　　　　　　（2018年至今）/ 101
理论探讨：平台战略与新竞争优势 / 108

06　第6课　商业模式
从卖车到移动出行　/ 113

中国快速成长的网约车市场 / 114
吉利的网约车业务：曹操出行、耀出行等 / 114
吉利的共享汽车布局 / 120
吉利的移动生态布局：从卫星到智能手机 / 122
理论探讨：商业模式与创新 / 128

07　第7课　跨境并购
全球化和逆全球化的时代　/ 131

收购沃尔沃——吉利全球化的里程碑 / 133
吉利是吉利，沃尔沃是沃尔沃 / 139
吉利二度进军马来西亚 / 144
跨境合作新动作 / 157
理论探讨：新兴国家跨国公司全球扩张理论 / 160

08　第8课　资本运作
收购戴姆勒的复杂金融架构　/ 163

吉利的奔驰之路 / 165

中国市场对戴姆勒很重要 / 168

吉利通过复杂金融架构间接收购戴姆勒 / 176

李书福：从未要求在监事会中占一席之地 / 180

合资高端出行：耀出行 / 182

合资 smart：迈向智能电动 / 184

理论探讨：跨境并购资本运作模式选择 / 188

09 / 第 9 课 企业文化
从老板文化到因快乐而伟大的集体文化 / 191

从老板文化到全球文化：不断演进的企业使命 / 193

吉利企业文化：核心价值观和社会责任 / 197

跨文化冲突：吉利是吉利，沃尔沃是沃尔沃 / 202

跨文化合作：以中欧汽车技术中心为例 / 208

理论探讨：企业文化与跨国公司的跨文化管理 / 210

10 / 第 10 课 前瞻未来
可持续发展的吉利 / 213

应对复杂地缘下的全球化 / 214

冲浪颠覆式创新的汽车产业 / 219

落地公司愿景、使命、价值观 / 222

传承与公司治理：后李书福时代的吉利 / 225

拥抱 ESG 与可持续发展 / 229

展望：吉利的明天如何更美好 / 232

理论探讨：企业社会责任与 ESG / 235

后记 / 239

第 1 课

企业家精神：
从放牛娃到跨国公司董事长

何为企业家精神？

白手起家的李书福抓住了中国改革开放的机遇，成为亿万富翁，但他从放牛娃到跨国公司领导人身份的转变绝不是偶然的。李书福的成功向中国和世界展现了一个优秀企业家需要具备的眼光和毅力，而这恰是他带领吉利取得非凡成就的关键因素。吉利控股集团是中国第一家民营汽车公司，拥有畅销的中国自主汽车品牌吉利和世界汽车品牌沃尔沃等，是全球汽车市场上正在崛起的积极参与者，也是正在飞速发展的智能电动汽车领域的重要"玩家"。自1997年以来，李书福充分发挥自己丰富的制造业经验和勇敢的创业精神，在竞争异常激烈的汽车领域闯出一片天地，也实现了他在中国乃至全球设计、制造和销售汽车的个人梦想。

在他的领导下，现在的吉利已经不仅仅是汽车公司，还发射低轨卫星，布局飞行汽车。加上李书福介入的智能手机生态，吉利已经朝一个面向未来的科技生态企业转型。李书福正和特斯拉创始人马斯克一样不断颠覆自我，创新未来。

本课将再现李书福在一步步成为中国汽车行业代表人物的征途上所付出的种种努力，分析未来他将面临的挑战，继而进一步探讨中国企业家精神的基本理论框架（见图1-1）。

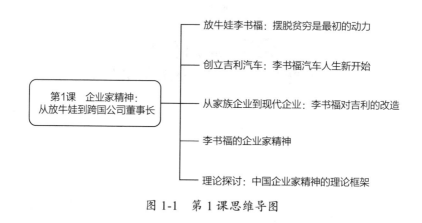

图1-1　第1课思维导图

放牛娃李书福：
摆脱贫穷是最初的动力

1963年6月25日，李书福出生在浙江省台州市路桥区的一个普通家庭，在五个兄弟姐妹中排行第三。

童年的李书福就有汽车缘，怀揣着无数远大的人生梦想。孩提时代，他曾目睹过中国汽车的高端品牌——红旗轿车，并以此为原型，在沙滩上画出了自己的第一辆汽车。他后来回忆说："当时我们买不起任何玩具，我无法想象如何制造一辆真正的汽车。"（Flannery，2014）

李书福的童年充斥着贫困，"脱贫"成为李书福最初的动力，也成就了李书福最早的商业意识和精神。在那个自行车还是奢侈品的年代，李书福探索出通过自行车载人的方式挣钱。李书福在《向改革开放四十周年致敬》一文中写道："我是一个放牛娃，上小学时，我利用暑假为生产队放牛，每天0.15元，一个暑假能赚6元～10元人民币，对我来讲这是一笔大钱。上小学每学期交书本费大概1.2元，学费是免交的，有了这笔钱，我比其他同学富裕多了。"

李书福很聪明，仅用两年时间就完成了初中三年的学业，并考上了当时路桥中学的尖子班。但李书福一门心思扑在挣钱上，对高中的学习逐渐失去了耐心，适逢当时浙江沿海盛行通过创办企业发家，李书福早已蠢蠢欲动，按照他自己的说法是"人在学校，心在游离"，李书福为此也受到了父亲的多次惩罚。20世纪80年代初，李书福高中毕业后没有选择在当时被称为"鲤鱼跳龙门"的考大学之路，而是直接下海从商。

从放牛悟出的管理哲学

俗话说"穷人的孩子早当家"，李书福从小就从贫苦的生活中悟到了很多管理方面的哲理，这后来也成为他在人际交往和公司管理中的制胜法门。李书福小时候天天放牛，与牛为伴，久而久之，他竟然从牵牛的实践中悟出道理：只要与牛积极互动，就能让牛发挥最大"能力"，从而实现共赢。

李书福回忆说："成功放牛的两大关键，第一是白天要把牛喂饱，我骑在牛背上，一边请牛吃草，一边看书学习，这是一种合作多赢；第二是晚上要为牛驱赶蚊子，让牛好好休息，晚上我会在牛棚周边点燃牛烟，为牛驱赶蚊虫，这样牛高兴，自己也快乐。"

当时的放牛娃李书福才八九岁，由于营养不良，个子长得矮，为了跨上牛背，李书福又灵机一动：他先把牛牵到草长势较好的地方，让牛低头进食，在牛弯曲行走时，利用牛的左大腿，一边用手抓住牛的脖子，一边用脚飞快地踩上牛的大腿关节,这样就能很轻松地登上牛背。

李书福早期创业的历程(见图1-2)都见证了他的初心和人生哲学。

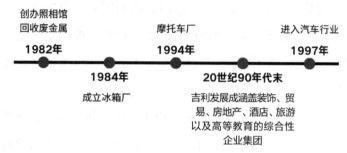

图1-2 李书福早期创业的历程

从照相馆迈出的创业第一步

高中时期,排队拍毕业照的李书福灵光一现,萌生了人生中第一个创业的目标——摄影。在那个年代,照相馆是特种行业,属于国有企业,需要经由公安部门批准才能营业。起初,李书福在一家国营照相馆做免费的学徒,吃住都在店里,他用短短两个月的时间就掌握了基本的人物和艺术摄影技能。

19岁那年,李书福从父亲那里借了120元钱买了一台手提照相机,骑着自行车在台州城里转悠,见人就问要不要拍照。不到6个月,李书福就净赚了1000元,这在当时是一笔巨款,这笔钱成为他的创业启动资金,李书福很快就在城里开了间属于自己的照相馆。

"循环经济"的好生意

回顾李书福尝试的第二个项目——回收废金属,即使放在当下,这也是一个具备战略价值、低碳环保的项目。

在开照相馆的过程中,李书福逐渐意识到,从用于照片处理的定影液中回收溴化银可以赚更多的钱，加之收到管理部门关于关店的强制性要求，他就顺势关闭了照相馆，一门心思从化学废料中提取银，然后把产品卖到杭州。举一反三，他还琢磨到了从废弃电器中回收铜、银、金等金属的方法，做起了现在被称为"循环经济"的生意。

冰箱厂让 21 岁的他成为百万富翁

接下来的创业历程让李书福真正地从传统农民转向了现代工业。

当时，李书福回收废旧金属的技术被人"偷师学艺"，于是李书福果断放弃了"循环经济"的生意，并将目光投向了刚刚兴起的冰箱制造业。

从 20 世纪 80 年代开始，中国老百姓向着小康生活迈进，随着富裕人口的不断增加，人们对现代电器有了强烈的需求。起初，李书福通过同学的家长将企业挂靠在路桥中学，用校办工厂的名义生产冰箱，但由于生产发出的噪声引起了老师的抗议，只得在家乡工办主任的帮助下，将企业挂靠在一家乡镇企业——"黄岩县石曲电冰箱配件厂"。李书福生产的电冰箱零配件主要包括蒸发器、冷凝器、过滤器等，工厂成为上海上菱等全国几乎所有知名电冰箱厂的供应商。那年他 21 岁。

后来，李书福生产"北极花"牌电冰箱，并很快使其成为当时最畅销的电冰箱品牌之一。那时，李书福的企业成为当时台州最大的民营企业，电冰箱业务也让他成为中国改革开放初期为数不多的百万富翁之一。

然而，随着全国各地的企业纷纷入局电冰箱行业，市场盲目扩张，迎来国家对行业的整顿。李书福的工厂由于某些原因只好停业关门，这也是李书福人生中遭遇的第一次重大挫折。

经历房地产泡沫

退出家电行业之后，李书福开始寻找新的机会。

1992 年，在房地产的热潮中，李书福去了海南，但两年后房地产泡沫破裂，他损失了数千万元。

从这段痛苦的经历中，李书福意识到自己的优势在于工业制造，而不是投机房地产。回到台州后，李书福和他的兄弟创办了一家生产建筑材料和铝塑板的公司，这家企业后来为李书福的家族带来很大的回报。

盯上摩托车

1994 年，在寻找下一个创业目标的时候，李书福关注到日渐富裕的中国消费者把消费需求转向了昂贵的进口摩托车。李书福再次展示了他敏锐的商业头脑和创业才能。在认识到广大民众对出行服务的需求将成为下一个主要增长机会后，他决定创立一家摩托车生产企业。

当时主管摩托车生产的部门是机械工业部，生产许可证仅向国有企业颁发。聪明的李书福从上次生产电冰箱的经历中吸取了经验教训，收购了浙江一家濒临破产的国有摩托车厂，这样一来，新企业就有了生产许可证。这是李书福创业生涯中的第一次重要收购。通过收购快速进入一个有壁垒的产业，这一商业模式对吉利汽车的创立和发展产生了深远影响。

李书福的摩托车业务经历了巨大的增长，他的摩托车厂在几年内迅速成为全国最大的二轮踏板摩托车生产基地之一。性价比是李书福打出的最大卖点，他的"嘉吉"牌摩托车售价不到日本进口车型的一半，不仅成了享誉国内的知名品牌，还出口到世界上 22 个国家和地区。摩托车让李书福获得了巨额回报，连续的创业经历更是历练了李书福不断寻找下一个蓝海市场的企业家精神。

创立吉利汽车：
李书福汽车人生新开始

在中国改革开放的大潮中，李书福早期的创业之路算是一帆风顺，到20世纪90年代末，吉利已经发展成涵盖装饰、贸易、房地产、酒店、旅游，以及高等教育的综合性企业集团（Wang，2008）。

虽然李书福的摩托车生意在中国做得风生水起，但在竞争日益激烈的市场上，行业的低门槛和低利润率一直是他的心头刺。

追忆儿时的梦想，李书福决心进军汽车产业，制造中国普通老百姓都能买得起的汽车，这也是李书福汽车人生的新开始。

中国政府很早就颁布了鼓励面向中国市场的汽车快速发展的政策指示，但在20世纪90年代，汽车行业受到的政府调控还是比较严苛，只有几家大型国有企业和一些中外合资企业主导生产，没有一家私营企业能获准生产汽车。面对行业的技术壁垒和准入壁垒，李书福有两句广为人知的名言："汽车有什么了不起，不就是四个轮子一个壳子装两个沙发。请给我一次失败的机会！"（Young，2010；Gong et al.，2016）。

于是，李书福一路摸索，想方设法搞定汽车生产许可证和产品这两件棘手的事情。

产品的生产问题相对容易解决，"模仿"在当时中国企业中是最常见的做法。李书福首先买了几款奔驰、红旗和其他在中国较畅销的汽车，让工程师拆解，弄清楚这些汽车零部件的标准，并试图通过逆向工程的方法，模仿生产汽车零部件和整车。之后李书福又以扩大摩托车制造基地为由，在浙江临海建立了汽车生产线。

有了先前的经验，李书福与四川德阳一家有汽车生产许可证的企业建立了合作关系。有了生产许可证，李书福给他的合资企业起名为四川吉利波音汽车制造有限公司，灵感来源于他当时正在阅读的一本讲述美国飞机制造商20世纪在全球崛起的商业传奇。这样一个别致的名字不仅引发了美国航空航天巨头的维权抗议，也曾让福特汽车公司纳闷波音到底要如何在中国拓展汽车业务（Moss et al., 2018）。

1997年，李书福正式进入汽车行业，开始将注意力集中在新车的设计和制造上。最初，他计划打造一款介于奔驰和红旗之间的豪华汽车，但在意识到这一计划需要面临重重技术难题后，李书福知难而退，及时调整了公司的战略。在当时，大型国企和合资企业主导了中国的中高端汽车市场，而经济型民用汽车市场几乎是一片空白。在李书福的带领下，造普通老百姓买得起的汽车成为吉利的最初使命，而这一战略定位也为吉利汽车的早期发展做出了重大贡献。

吉利豪情：更像是一场灾难

成功的道路不可能永远一帆风顺。

吉利的第一款车——吉利豪情（基本上是由李书福的工程师手工敲打组装起来的）于1998年8月8日上午8时这个吉利的时间正式下线。这本该是吉利汽车里程碑式的时刻，但是结果看起来更像是一场灾难，吉利豪情面临的问题不胜枚举。

尽管这款以"豪情"二字命名的汽车将李书福个人对汽车制造的雄心壮志抒发得一览无余，但第一批产品并没有多少值得骄傲的地方。虽然第一批量产的100多辆吉利汽车在李书福的一声令下，以被压路机压毁报废收场，但这也成为吉利历史上一个非常重要的时刻——李书福通过此举向所有吉利员工传达了一个明确的信息：在汽车制造中，生产质量是至关重要的。

这里还有一个小插曲，吉利豪情下线的时候，李书福给各方发出了700多张邀请函，准备举办庆典，但开始几乎没有领导愿意出席。最后在李书福的诚恳说明下，省领导来到了现场，让李书福热泪盈眶，也让庆典得以成功。

请给我一次失败的机会

造车之路，注定是崎岖曲折的。李书福开始获得的造车许可证只适用于轻型客车，不适用于民用汽车。另外，当时的土地、银行贷款、进出口支持等商业优惠政策也只对大型国企和合资企业开放。

机会总是留给有准备的人。1999年12月，时任国家发展计划委员会主任的曾培炎去台州考察非国有投资企业，李书福激情澎湃地为自己大声呼吁："我们要是成功了，可以为国家探索一条汽车发展的道路；如果失败了，也不要国家的钱，我们都是自己的投资。请给我一次失败的机会，让我们尝试一下！"（China Daily，2006）

两年后，李书福迎来了机会。2001年11月，中国加入世界贸易组织（WTO）之际，国家经济贸易委员会（后并入商务部）发布了新的汽车产业发展的政策性文件，吉利最终成为国家批准的民用轿车生产基地之一，吉利汽车终获来之不易的、宝贵的"准生证"。

从家族企业到现代企业：
李书福对吉利的改造

和大部分浙江民企一样，起初，吉利汽车是李书福家族和朋友们共同出资的类家族企业，但在获得轿车生产许可证之后，李书福对企业的下一步规划有了更清晰明确的认识。

美好快乐的日子

首先，李书福认识到汽车是一个规模经济产品，因此，在吉利的豪情汽车经过第一批的"灾难"后,他决定只对标一款车型进行逆向制造,并整合吉利的摩托车零部件供应商以及汽车零部件供应商资源。凭借更具竞争力的价格,吉利的豪情汽车在市场上一炮而红,获得了首次成功。很快,李书福开始在浙江宁波建造第二条装配线,并于2000年投入生产。

李书福推出的第二款量产车,取名为美日(MR),中文寓意"美好的日子",这个品牌名称在一定程度上也暗示吉利汽车有着像美国汽车和日本汽车一样的高质量。美日的定位也非常清晰——"造老百姓买得起的好车"。李书福制定了"三五"计划:搭载5个人,用5升汽油跑100千米,售价为5万元人民币(王千马,2017)。美日汽车最后的市场售价为每辆65 800元人民币,这个价格远低于当时中外合资汽车的平均价格。随着美日的热销,李书福成为中国最富有的民营企业家之一,他不仅被称为中国汽车工业的"搅局者",还被外媒赞誉为向大众市场提供廉价汽车的中国的亨利·福特(McKenna,2006;Young,2010)。

建立现代企业制度

李书福做的第二件事情是把吉利汽车从家族企业改造成现代企业。

汽车制造是一个资本密集型行业,而作为民营企业,吉利汽车的融资能力有限。和大部分浙江民营企业家一样,李书福最初不得不依靠家人、亲戚、朋友和其他浙江企业家的民间资本来建设汽车和关键零部件生产线。这种投资结构主要基于错综复杂的个人关系,尽管所有的分工厂都挂靠在吉利旗下,但许多汽车零部件工厂实际上归他人所有。在这种股权结构下,当老板对公司的利益分配和对未来发展方向的理解有所不同时,就会出现多重冲突。

鉴于此,在中国汽车市场上逐步站稳脚跟后,李书福开始大刀阔斧改造企业资本结构和管理制度,逐步回购和重组兄弟们和其他人所持有的股份。

其中，李书福的四弟李书通离开吉利之后在上海成立了汽车公司，2003年，吉利汽车收购了其资产并租赁其地产改名为上海华普汽车城，这也是上海华普汽车的来历。经过努力，几年之内，李书福成功地将吉利从一家复杂的家族式企业改造成独资汽车企业，而他的兄弟们则专注于家族的其他非汽车业务。

在改造家族企业初步完成之后，李书福也努力将吉利转型为知识化、专业化、管理民主化和决策科学化的现代化企业。在公司发展早期就让职业经理人来管理企业，是李书福的自我突破。2002年5月，没有在企业工作过的前政府官员徐刚出任吉利控股集团CEO。2003年2月，上海大众前总经理南阳担任吉利集团副总裁。2004年，华晨汽车原财务总监尹大庆出任吉利集团副总裁。而李书福自己则具体负责吉利集团的市场研究和未来方向，同时也是政府事务企业形象代表。

当年的李书福从吉利的多个重要岗位退出引起了市场的各种议论。对此，多年之后，2021年10月，李书福在吉利内部题为"守正出奇，实事求是"的洞见讲话中再次做了明确的回答。他说："全球化与逆全球化两种力量对冲程度的不断加剧，对吉利控股集团的企业治理提出了新的要求。为了进一步提高吉利控股集团及下属各业务集团的企业治理水平、提升企业管治透明度、更好地管理与发展吉利控股集团各项业务，在2020年年底，我决定不再兼任控股集团CEO，并聘请李东辉同志出任吉利控股集团CEO，安聪慧同志继续担任吉利控股集团总裁，我继续留任吉利控股集团董事长，按照国际惯例及吉利控股自身制度安排，由CEO出任企业法人代表，我本人不再兼任法人代表。这是为了进一步推进现代企业制度建设，既符合国家法律，也符合国际惯例，这样做的目的是更加依法合规地构建企业现代治理体系，让现代企业制度能够在吉利控股集团及各业务集团落地生根，并发挥关键性作用。"他说，"我强烈要求吉利控股集团及各业务集团在企业治理方面要向沃尔沃汽车集团学习，三层治理结构严格而清晰。也是因为这种良好的企业治理水平，才保证了沃尔沃安全、健康基因的良好延续，并不断传承发扬。沃尔沃近百年的企业发展史告诉我们，股东可以淘汰出局，但企业必须不断创新，持续发展。吉利控股集团及其他业务集团也一样，股权可以增减，资本可以进退，但企业必须做实做强，形成管理层、全体员工共享企业经营成果的主人翁文化，保证企业长期可持续发展。这既是对企业负责，也是对社会负责，更是关系到全体员工的切身利益。要实现以上这些目标，企业治理必须现代化，所有权、经营权就必须分开，这是应对未来挑战的有效法宝。"（证券时报网，2021）

借壳上市里程碑

　　2005 年，李书福通过在香港证券交易所上市的国润控股借壳上市，通过多次资本运作，李书福成为最大的股东，并把公司改名为吉利汽车。

　　对于吉利汽车来说，借壳上市具有里程碑意义。上市为吉利汽车插上了资本的翅膀，也为后来吉利汽车的各种国际收购打下了良好的基础。

核心技术买不到

　　李书福很早就认识到一个最根本的问题：核心技术是买不到的。

　　在吉利发展的最初几年里，尽管吉利的产品在市场上广受欢迎，但李书福心里非常清楚，吉利是通过采购核心零部件做总装的公司，当时，连发动机和变速器都是外购的。丰田在中国的发动机公司从早期给吉利供货，到之后的强势提价并要求全额付款，直至提出断供，都给吉利上了残酷的一课。

　　想要立足汽车产业，吉利必须发展自己的核心技术。李书福被迫背水一战，走上了自行开发、自主创新、创造拥有核心技术知识产权之路。基于这个重要的战略选择，李书福给工程师团队投入了大量资金并提供强有力的支持，在短短几年内，吉利在核心技术领域取得了重大突破。2005年，吉利自由舰（CK）的推出标志着吉利作为一家拥有现代化设施和自主发展创新能力的新型民营车企的崛起。

随着吉利成熟壮大并转向增长快车道，李书福敏锐地意识到持续投资科技研发的重要性，吉利不应该永远在紧凑型、经济型汽车领域艰难竞争，而应该拓展中游产品系列，为中国多样化的家庭推出新产品。2007年，李书福交出了答卷——一款新设计的吉利远景。在新闻发布会上，李书福热情洋溢地发表了他的"宁波宣言"，概述了吉利今后主要的发展方向将不再是产品价格战，而是在技术、质量、品牌、售后服务以及企业社会责任方面向用户和社会做出新的战略承诺（CGTN，2018）。

从1997年到2007年，短短十年间，吉利度过了初创的生存期，推出了几款量产车，实现在港股上市，并通过"宁波宣言"升级了公司未来的发展战略。这一声明标志着吉利汽车历史上一次非常重要的战略转型，在李书福的领导下，吉利从低成本竞争迈向价值竞争，并逐步成长为一家生产安全、可靠、环保和节能汽车的现代化企业。2008年的世界金融危机给很多企业带来了严峻的挑战，但李书福却在寻找一些大型国有车企不敢想象的发展机会——跨境并购。

李书福的企业家精神

多种因素促成了李书福和吉利的成功。李书福的名字寓意为"书写属于自己的幸福"，他也因此给公司起了一个吉祥的名号——吉利，从中国传统文化解释即为"吉祥如意、万事顺利"。不过，有意思的是，吉利的真实由来是李书福写的一首诗《吉利的由来》，有人说这是年轻李书福根据睡觉梦见的场景写的。2022年，我们在拜访吉利汽车位于杭州的总部时，吉利汽车的员工告诉我们，这首诗一直在李书福董事长办公室的地毯上印着，可以看出李书福企业家精神之外的浪漫主义理想烙印。

> 在离地球不远的上方，
>
> 有一组看不懂的音符，
>
> 几千年来一直在跳跃变动，
>
> 就是没有声音；
>
> 许多人为了感动她，
>
> 耗尽青春，
>
> 她依然没有歌唱；
>
> 为了揭开这个秘密，
>
> 一批又一批痴心人，
>
> 天天向苍穹倾诉，
>
> 夜夜同月亮相约，
>
> 年复一年，
>
> 日复一日，
>
> 人们终于发现那美丽的音符化为人间吉利。

李书福的战略格局、执着性格、社会责任、管理逻辑，构成了其企业家精神的核心。

作为一个企业家，李书福以高瞻远瞩的眼光和坚韧不拔的决心，一次又一次展现了一名企业家积极主动、大胆创新的创业行为，更以此促进了吉利作为中国新兴汽车制造商在世界舞台上的快速发展。

执着于自己远大的理想和坚定信念，李书福永远不会因失败而气馁。他对中国和全球市场始终保持着清晰的认识。由于立足高远，他能够及时观察并获得新的想法；他总是在寻找下一个商机，并准备随时利用这些机会在市场上获得新的竞争优势；他总是不断自我激励，追求成就，热衷于设计新的方法，旨在提高效率，使工作更容易、更简单、更好和更经济。

李书福认为："一个没有社会责任的企业，最终会被市场无情抛弃，这样的企业是不可能实现永续经营的。"在中国提倡共同富裕的背景下，2021年8月30日，吉利发布了共同富裕计划，通过全员收入增长计划、全员家庭健康保险计划、全员职业提升计划等一系列举措，实现员工共同富裕。

一个有远见的人

纵观中国改革开放以来激荡的四十多年，有许许多多出身草根，但是在时代变革的洪流中逐浪前行，展现出远见与格局的企业家，李书福无疑是其中的一个典型代表。尽管出身普通，李书福的格局却让他面对竞争时游刃有余，把握住了中国改革开放的强大脉搏，勇敢地"下海"从事实体经济，排除万难创办吉利。在中国加入WTO和随之而来的全球化大潮之际，李书福更是将吉利从一个普通的浙江家族企业和中国第一家民营汽车公司转型为具有全球影响力的现代化跨国公司。

每次创业，他似乎都能准确地把握那些发展公司业务、促进技术和市场份额增长的机会。而实际上，机遇只属于那些有远见卓识和明确目标，并且知道向何处探索的人。李书福取得的傲人成绩，很大程度上归功于他视野开阔、眼光长远、思维超前等特质。除了他的商业智慧，他还有强烈的好奇心和创新冒险精神，这些特质使他对自己的商业环境始终保持清晰的认识，从而制定正确的战略，在竞争激烈的市场中立于不败之地。正如道格·杨所述："李书福确实是一个有远见的人，也是一个不应该被低估的人。"（Young，2010）

当然，他的成功也离不开中国经济腾飞的社会大背景。李书福本人从中国东南部丰富的创业文化中受益匪浅，江浙一带强大的制造业基础和中国政府多项促进经济增长的政策也在吉利的发展中发挥了关键作用。

永不言弃的奋斗精神

李书福是一个大胆的思想家，也是一个实干家；是一个梦想家，也是一个脚踏实地的现实主义者。他知道如何才能实现他的目标。

李书福天资聪颖、精力充沛、善于思考，能从不同的意见中汲取灵感，在面对困难时勇于尝试。他并不害怕做出艰难的决定，下定决心后也从不放弃。他非常固执，这在很大程度上也是有益的（Flannery，2014）。李书福曾经说过："什么是创新？创新应该是即使所有人都不同意，你也依旧坚持的东西。"（Feng，2018）从第一次以120元人民币创业，到早期家电制造业的成功，再到制造摩托车，再到数年后创办吉利汽车，李书福面临了诸多对大多数人而言似乎无法逾越的挑战。

与当时一些追逐名利的高调商人不同，李书福决心推动中国民营企业的发展，并渴望在中国乃至全球汽车市场上发挥重要作用。在收购沃尔沃的漫长过程中，他一直专注于自己的最终目标。面对最初的拒绝，李书福坚持提出新的报价，同时向福特和沃尔沃表达了他的诚意，在艰难的谈判过程中，当收购筹集必要资金极其困难，其他人都准备放弃的时候，李书福又一次成为团队最坚定的领导者。最终他的坚定得到了回报，他不仅使他人接受了自己的想法，而且把一个大胆的梦想变成了现实。他后来总结道："我明白在面对巨大挑战时，只有决心、努力和勇气才能带来最终的胜利。"（McKenn，2006）

尊重专家的学习精神

李书福不仅是优秀企业家，也是正高级经济师、高级工程师，对创新、技术不懈追求，有优秀的职业素养和专业能力。2021年，李书福获得了中国汽车工业饶斌奖。以李书福为第一发明人的专利有1000多项，李书福作为唯一发明人的专利有 100 多项（其中发明专利 80 多项）。

李书福年轻时就善于观察学习、热爱创新发明，也知道把握商业机会。

早年，他在开照相馆的时候发现照相用的定影液很赚钱，就开始做定影液生意，然后发现用于定影液的溴化银很值钱，就去找来高中化学老师，学习怎么从溴化银中提取出银来卖。李书福很早就明白交通工具"安全第一"。有一次，一位员工用一辆我国台湾产的踏板摩托车去公干，结果在路上和一辆机动车迎面相撞，这位员工灵活地跳车走人。李书福马上意识到这样能够保护人不受伤的模式很好，看了损毁的摩托车后，他认为自己也能造踏板摩托车，于是就有了李书福的踏板摩托车，随即在市场上热销。

汽车行业是技术密集型的产业。创业之初，李书福便以半个技术人员的身份投身汽车行业，有时候为了搞明白一个问题，在车间一泡就是一整天。

作为一名草根企业家，李书福从不认为自己有何过人之处。在多年的商海闯荡中，他始终渴望学习，并始终尊重各领域的专家学者，把他们视作他成功的关键。

在经营企业的过程中，李书福思想开放，从不微观管理，而是给予员工信任、鼓励和支持。他知道，要实现公司目标，最有效的方法是让全体员工拥有一个共同愿景，让公司团队心无挂碍地通力合作。他的人力资源管理哲学基于个人的天赋和能力，不偏袒、不任人唯亲，他相信"人人是人才，人人可以为师，人人可以为徒"。

在跨文化管理中，李书福崇奉中国社会学家费孝通首倡的 16 字哲学：各美其美，美人之美；美美与共，天下大同。他认为这不仅是人类社会和谐共处、共同进步的崇高理想，也是吉利企业文化的核心和宗旨。这种多元化的价值体系对他近年来海外扩张和并购后的公司管理都提供了巨大的帮助。得益于他的道德原则和亲力亲为，李书福在中国成为一位享有盛誉的企业家，他也因此招募到一批有才之士，这些人与他有着共同的理想信念，携手带领吉利登上了世界汽车的舞台。

务实的公关能力和政商智慧

很多企业家在媒体和政商方面因认识不足而吃亏，李书福却是这方面的行家。

李书福不是一个能言善辩的人，但他深谙媒体传播之道，总能适时地在新闻中出现，并为吉利带来免费的公关曝光。

早期，他曾被称为中国的"汽车狂人"，因为他从来不怕说出自己内心的真实想法。李书福曾强烈批评当时中国产业的合资体制。在他看来，这种体制以牺牲中国国内企业的创新、质量和技术进步为代价，给了外国制造商不公平的竞争优势，为外企创造了巨大的商业利润。他曾说："建立合资企业就像染上了鸦片瘾，掌握品牌和核心技术的人控制着游戏。我们应该努力让中国汽车走遍全世界，而不是让全世界汽车走遍全中国。"

从第一家电冰箱厂被迫关闭的痛苦经历，到他为摩托车和汽车业务申请生产许可证做出的不懈努力，以及克服银行贷款在企业发展中造成的种种困难，李书福非常清楚，国家和各级政府的支持将是吉利生存和成功的关键因素。作为中国汽车工业的一位杰出人物，李书福是第十三届全国人大代表，第十二届全国工商联副主席，第十届、第十一届、第十二届全国政协委员，正高级经济师、高级工程师，李书福还曾荣获"改革先锋"称号，曾被评为中国最具影响力商界领袖、中国十大民营企业家、中国汽车工业杰出人物、中国十大慈善家等。所有这些官方和民间的荣誉也进一步提升了李书福杰出的中国成功企业家的形象和声望。

从富豪到慈善家

李书福财富的增长和中国经济的飞速发展几乎踩着同样的时代步伐。随着中国经济在世界经济中的地位提升，李书福也从富豪向慈善家转变。

2013年，李书福位列胡润百富榜第63位，净资产为163亿元人民币；2022年，李书福在该排行榜中以1350亿元人民币排名第19。在彭博亿万富翁指数中，李书福位列世界亿万富翁指数排名第158位（Bloomberg，2023），而2023年福布斯全球亿万富豪榜将李书福列为全球第84位（190亿美元）。《汽车趋势》杂志称李书福为"行业的颠覆者"，并在2019年将李书福列为全球汽车行业十大企业家之一（Priddle，2019）。

2020年4月，李书福在接受中国央视财经频道采访时明确表示："我是追求科技的突破、用户的满意，以及我们对产业报国的理想实现，我们没有考虑其他。从整个社会来讲，那个富豪榜，对整个社会和谐发展是很不利的。"

李书福更看中的是慈善家角色，2021年，李书福以26 840万元的现金捐赠总额，位列《2021福布斯中国慈善榜》第18位。

正如《汽车新闻》所总结的那样："李书福已被证明是汽车行业卓有成效和富有远见的领导者。他成功地将吉利从一个鲜为人知的摩托车制造商转变为中国最大、最赚钱的汽车制造商。"（Yang，2018）对于他令人印象深刻的成就，中国汽车产业的专家，邓恩汽车创始人麦克·邓恩形容他："部分是诗人，部分是梦想家——本质上是一个无畏的企业家。"（Anantharaman，2017）

本课小结

何为企业家精神？白手起家的李书福抓住了中国改革开放的多次机遇，成为亿万富翁，但其从放牛娃到跨国公司董事长的身份转变绝不是偶然的。李书福的成功向中国和世界展现了一个优秀企业家需要具备的眼光和毅力，而这恰恰是他带领吉利集团取得非凡成就的关键因素。

理论探讨：
中国企业家精神的理论框架

奥地利政治经济学家约瑟夫·熊彼特（Joseph A. Schumpeter）是最早提出企业家创业理论的学者之一，他将企业家定义为渴望并能够将新想法或发明转化为成功企业的创新之人（Schumpeter，1934 & 1976）。

发现理论和创造理论

尽管没有普遍接受的创业理论，但在创业研究中有两个重要概念经常被引用：发现理论和创造理论。发现理论也被称为个体／机会（I/O）关系理论，主要关注机会的存在、识别和利用以及个体的影响（Alvarez，2005）。虽然个人和机会之间相互影响，但发现理论认为，机会是客观的，个人是独特的，企业家是风险承担者。以吉利为例，只有李书福发现了机遇，机遇才会出现。凭借他对中国制造业的经验和理解，李书福作为一个独特的个体，在推出吉利汽车之际能够识别并把握市场机会，积极采取创业行动，并承担相应的风险。

与发现理论不同，创造理论关注的是企业家和企业的创造，这意味着机会是主观的，个人是普通的，企业家是不确定性的承载者。这两种理论虽然侧重点不同，但在本质上具有很强的互补性，可以从商业机会、企业家的本质、决策框架的本质等多个方面分析创业行为。例如，吉利作为一家处于起步阶段的企业，在不确定的条件下，李书福带领吉利，通过造普通老百姓买得起的好车，开拓出了新的市场机遇。

作为一个不断演变的课题，企业家精神的学术领域随着科学和技术的迅速发展也经历了一些重大转变，尤其是近年来多个学科的积极介入，对新理论的发展影响深远，包括经济创业理论、心理创业理论、社会学和人类学创业理论、资源基础创业理论和机会基础创业理论（Simpeh，2011）。基于这些宽泛的理论框架，近年来，学者们也提出了各种企业家成长理论，包括创新理论、控制源理论、成就需要理论、状态改变理论、社会变迁理论、社会行为理论、领导理论、模式人格理论、金融资本、流动性理论、社会资本或社会网络理论、人力资本创业理论、系统创新理论等。这些理论侧重不同，可以独立应用，也可以联合应用，以对现代创业的复杂发展进行综合考察。比如，基于创业机会的理论认为企业家善于发现和利用社会、技术、文化变革所创造的可能性，而这点正好可以用来解释李书福在全球经济衰退期间出手，收购沃尔沃汽车的主要动机。作为吉利汽车的创始人，李书福具有创新思想的主动性和必要的技能；作为一名企业家代表人物，他追求成就和业绩，并对有关的风险及其结果承担责任。

企业成功的关键因素

在吉利的创立和发展过程中，李书福无疑展现了他的商业眼光、强烈的激情和个人的韧性。他的成功也代表着中国企业家在 21 世纪的崛起，而吉利作为新兴跨国公司的发展也展现了中国制造业经济在全球舞台上的蓬勃生机。

尽管中国人经商已经有几千年的历史，但对中国企业家精神的研究却是最近几年才出现的学术现象。在 2016 年的一篇文章中，《福布斯》报道了中国创业的崛起（Tse，216）。张文献、龙漪澜和王辉耀研究出版了一些有关中国杰出的当代商业领袖和创业精英的书（Zhang et al.，2009；Zhang et al.，2011；Wang，2012）。扎帕尔斯卡和爱德华（2001）从文化和经济的角度研究了中国企业家的创业精神，雷蒙德（Wong，2008）和一些学者也研究了在全球化时代中国企业家的创业精神。其他值得关注的学术研究还包括 Chan 和 Chan（2011），Fernandez 和 Underwood（2009），Grove（2006），

Huang（2008）、Huang（2016）、Lee（2011）、Li（2006）、Pérez-Cerezo（2013）、Yang（2016）、Yu（2015）、Zhang 和 Stough（2013）等。当然，要研究中国企业家的创业精神，任何学者都必须充分考虑经济和社会政治环境因素对个人和企业的重要影响。例如，20 世纪 80 年代以来中国的改革开放政策以及民众社会观念的变化，不仅对国家经济的发展影响深远，也直接推动了民营企业家在中国的崛起，而李书福就是其中的一个佼佼者。

第 2 课

公司战略：
从埋头拉车到超前布局

  本课聚焦吉利公司战略的变化。吉利汽车是浙江吉利控股集团的子公司。从 1997 年进入汽车行业开始，经过 20 多年的成长和发展，吉利汽车已经从一家民营小企业成长为一个全球汽车集团，连续 5 年在中国自主品牌汽车销量榜上名列前茅。吉利汽车从只生产低端车转变成一家覆盖高、中、低档车和新能源汽车的现代化企业，并立足中国，放眼世界，成为沃尔沃等全球知名品牌的"实控人"。此外，吉利不断寻求版图的扩张，从智能手机到卫星通信，吉利已经从一家只顾埋头拉车的地区性小企业转变成更具科技属性的全球化科技生态企业。

  吉利的成功，与其几次战略升级密不可分。本课将回顾吉利集团的汽车和科技版图，分析吉利四次战略升级对吉利的影响，然后以吉利收购伦敦出租车公司为例分析吉利的全球化战略收购模式和成绩单，论证战略在公司发展中的核心作用（见图 2-1）。

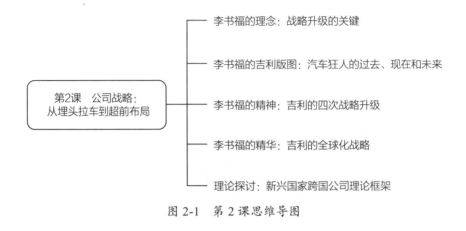

图 2-1　第 2 课思维导图

李书福的理念：
战略升级的关键

李书福是吉利战略的总设计师。吉利每一次重要的战略升级，都有李书福的参与，彰显着李书福的理念和精神。

从李书福 2019 年题为《我们如何在变化的世界中找到更大的发展空间》的新年致辞中，可以感受到他对吉利未来发展的愿景和吉利的公司文化。他说："在这个千帆竞发、百舸争流的时代，我们丝毫不能骄傲自满、故步自封，也绝不能有任何犹豫不决、徘徊迷惘。只有顺应历史潮流，积极应变，正确求变，才能与时代同行，才能形成线上与线下、软件与硬件同步发展的能力，才能争取到更大的生存发展空间。行稳致远，天道酬勤。未来的挑战可能完全超乎你我曾经的预想。把握明天的最佳方法，就是不断开创未来。我们必须不驰于空想、不骛于虚声，一步一个脚印，踏实干好每一件工作，不断把梦想的蓝图变成现实，成功一定属于每一位奋斗者。"

李书福在致辞中特别强调了吉利由高速发展向高质量发展新阶段的坚定

转型。虽然仍以汽车为核心，但在李书福领导下的吉利已充分认识到新技术的发展正在迅速改变市场大趋势，同时也带来了多重挑战和巨大机遇。吉利的最终目标是为广大用户提供更好的交通解决方案和体验。在不久的将来，吉利将超越自己传统汽车制造商的角色，努力成为技术领导者和新兴服务提供商，成为一个参与重塑全球汽车行业，为未来发挥积极作用的公司。

李书福提出，吉利将在守正创新上实现新突破，在绿色低碳上展现新担当，在共同富裕上实现新作为。这样的吉利不再只专注于高销售额，而是会转移战略重点，重新定义企业使命。

2022年，出生于1963年的李书福年近60岁，和其他企业家不同，他早就开始着手在吉利建立现代企业制度，自己逐渐退出具体的业务岗位。而接下来，除了聚焦企业战略，李书福还面临确保公司实现可持续发展的组织架构（尤其是谁来接班、如何接班）等现实问题的挑战。

李书福的吉利版图：
汽车狂人的过去、现在和未来

"汽车狂人"李书福不仅是实业家，还是战略家、金融资本家。通过资本运作，李书福成功地把吉利的版图从浙江的一个地区拓展到了全球，在实施全球化战略方面写就了诸多传奇。作为一家全球性跨国公司，"吉利汽车"四个字已经无法描绘吉利的企业全局。

吉利汽车成立于1997年，是浙江吉利控股集团的子公司，而浙江吉利控股集团由李书福于1986年创建。据吉利官方网站介绍，吉利控股集团资产总值超过5100亿元，自2012年以来，连续12年跻身《财富》世界500强（2023年排名225位），整个集团员工超过12万人，是全球汽车品牌组合价值前十名中唯一的中国汽车集团（见图2-2）。

图 2-2 吉利汽车的品牌组合图

资料来源：吉利汽车，经许可转载。

吉利的发展和成功离不开全球化战略思维，在中国制造和全球布局下，吉利利用中国巨大的市场和产业链优势，以及全球资本和技术优势，双管齐下，保持了高速成长。

1996 年，为了全球化和融资发展的需求，李书福在开曼群岛成立了 SOUTH CHINA STRATEGIC INVESTMENTS LIMITED 作为浙江吉利汽车的协议控制公司，经过复杂的运作，2005 年 5 月 13 日，吉利汽车在香港联合交易所实现"借壳上市"。这是吉利的第一次飞跃。2010 年，吉利控股集团斥资 18 亿美元从福特手中买下沃尔沃轿车业务。2021 年 12 月 9 日，沃尔沃汽车（VOLCAR B.STO）在瑞典斯德哥尔摩交易所上市，吉利由此成为中国汽车行业第一家跨国公司（见图 2-3）。过去十年来，在吉利控股集团的支持下，沃尔沃汽车的豪华品牌地位得到了巩固，实现了品牌复兴。沃尔沃汽车在全球的销量翻了一番，在欧美市场销量全面增长的同时，中国成为沃尔沃汽车第二大本土市场，销量达到十年前的 5 倍。2020 年，沃尔沃汽车全球销量达到 661 713 辆，市场占有率稳步提升。沃尔沃汽车 2021 年上半年的销量和收入均创历史新高。

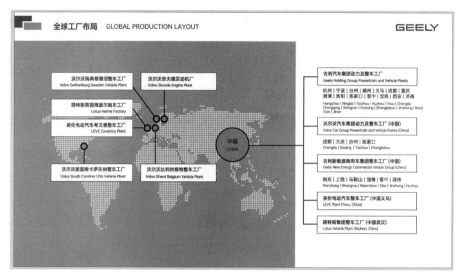

图 2-3　吉利的全球足迹

资料来源：吉利汽车，经许可转载。

数字说话：吉利的增长奇迹

1978 年中国改革开放之初，极少人能预测到中国会成为全球第二大经济体，也极少人能预见到中国会成为世界上最大的汽车市场。

吉利于 1997 年进入汽车行业，次年开始生产乘用车和紧凑型汽车，成为中国第一家民营汽车制造企业。从那以后，在李书福的领导下，吉利逐渐转变为成功的现代企业。

经过 20 多年的发展，吉利不仅成为中国民族汽车的品牌代表，也是全球汽车行业发展中不容小觑的积极参与者。除了吉利品牌，吉利还有瑞典的沃尔沃、伦敦电动汽车公司、马来西亚的宝腾和英国的路特斯股权，同时也曾是戴姆勒集团的最大股东。吉利家族拥有吉利、领克、极氪、几何、沃尔沃、极星、路特斯、英伦电动汽车、远程（新能源商用车）、曹操出行等品牌，同时在新能源科技、共享出行、车联网、智能驾驶、低轨卫星、激光通信、智能手机、汽车芯片等前沿技术领域布局。

吉利控股集团在中国上海、杭州和宁波，以及瑞典哥德堡、英国考文垂、西班牙巴塞罗那、美国加利福尼亚州、德国法兰克福、马来西亚吉隆坡等地建有造型设计和工程研发中心，研发、设计人员超过2万人，拥有近2万项创新专利。在中国、美国、英国、瑞典、比利时、白俄罗斯、马来西亚建有世界一流的现代化整车和动力总成制造工厂，拥有各类销售网点超过4000家。

销量独领风骚：稳固中国自主品牌领导地位

根据中国汽车工业协会的统计，2017年度、2018年度、2019年度及2020年1~6月，吉利（含领克品牌）合计销量的国内市场占有率分别为5.04%、6.34%、6.35%和6.76%，连续三年居自主品牌首位。如今，吉利已经稳居中国汽车自主品牌领导地位。

目前，吉利旗下产品包括吉利、几何两大品牌，覆盖A0至B级乘用车市场，2017年度、2018年度、2019年度、2020年度、2021年度及2022年度销量分别为124.71万辆、150.08万辆、136.16万辆、132.02万辆、132.80万辆和143.30万辆，2023年的销售目标为165万辆（见图2-4）。

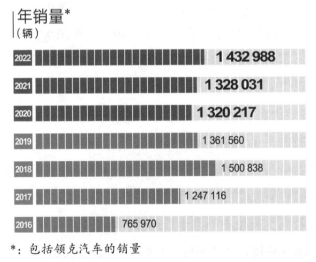

*：包括领克汽车的销量

图2-4 吉利汽车2016—2022年销量

资料来源：《吉利汽车控股有限公司2021年年报》。

吉利品牌是销售的主力军，吉利的博越、帝豪、缤越、帝豪 GS 和缤瑞五大品牌主导了吉利汽车销量（见图 2-5）。

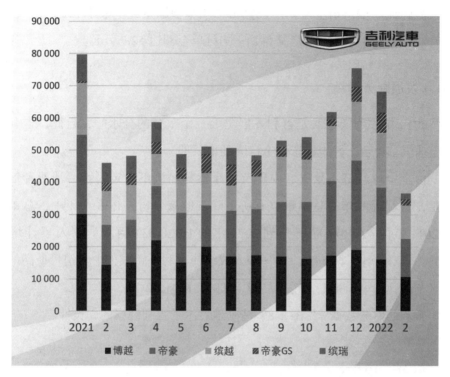

图 2-5　2021—2022 年除中国星之外的主要车型月度销量

资料来源：吉利汽车，经许可转载。

极氪引领豪华电动车

2017 年 8 月，吉利推出中高端合资品牌——领克汽车，近年来领克已成为中国高端汽车品牌。截至 2022 年年底，领克累计销量已超 83 万辆。2022 年，领克全年出口整车 35 588 辆，其中新能源车型占比 97%，位列中国品牌 25 万元以上车型出口第一。

2021 年 10 月，吉利极氪品牌开始批量交货，极氪刷新中国豪华智能纯电车价值高度，2022 年全年交付 71 941 台，超额完成全年 7 万台目标，成为主流新能源唯一完成目标的品牌。极氪001是豪华车市场万辆俱乐部中唯一的豪华纯电车型中国品牌，平均订单金额超33.6万元，蝉联30万以上中国品牌纯电车型销量冠军。极氪第二款车型原生纯电豪华MPV——极氪009，已于2023年1月开启交付，平均订单金额达52.7万元。

10年发展财务稳健

2010年收购沃尔沃是吉利发展史上一个重要的分水岭，自此，吉利登上全球汽车舞台，并走进了一个巨大的增长期。

由于全球经济不景气、中美贸易摩擦等经济不确定因素，消费者信心不足，吉利近两年的总销量也有所下降，但该公司在过去十年中，总销量从2011年的421 611辆增长到2021年的1 328 031辆，总收入累计增长485%，净利润增长254%。这一耀人成绩使吉利一跃成为中国销量最高的民族汽车品牌和中国第三大轿车品牌（见图2-6，图2-7）。

吉利的财务数据（见图2-8）清晰地展示了吉利健康的成长性。

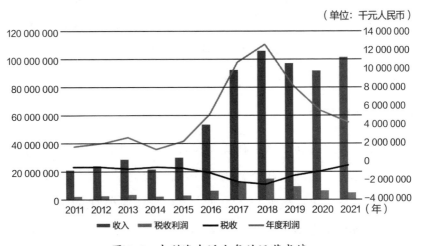

图2-6　吉利汽车近十年的运营成绩

资料来源：吉利官方资料。

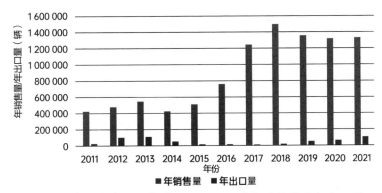

图 2-7　吉利汽车近十年（2011—2021 年）的销售量与出口量

资料来源：吉利官方资料。

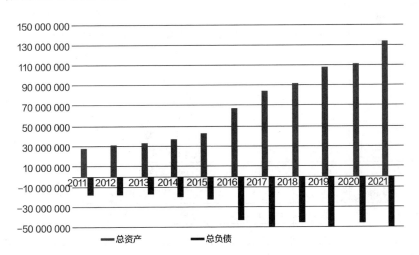

图 2-8　吉利汽车的总资产和总负债（2011—2021 年，单位：千元人民币）

资料来源：吉利官方资料。

同样令人印象深刻的是，在 2011—2021 年期间吉利的总资产增加了 487%，总股本增加了 682%，而其归属于股东的股本在 2011—2021 年内更是飙升了 716%。

值得注意的是，吉利的出口在过去十年中相对平稳，并没有太大幅度的增长。2021 年，吉利出口 115 008 辆汽车，较 2020 年增长 58%，但仍仅占其全年总销量的 8.7%，这表明中国仍是吉利汽车的主要市场。

根据吉利汽车 2020 年申报上海科创板上市时披露的信息，吉利汽车集团在台州、宁波、湘潭、成都、宝鸡、晋中和贵阳等地拥有汽车制造工厂。各地的工厂生产特定的品牌和型号（见表 2-1 和表 2-2）。

吉利汽车 2019 年的年总生产产能（双班）为 210 万辆，较 2007 年公司开始战略转型时的 20 万辆，年生产总量已大幅增加。

表 2-1　吉利工厂布局及产能

工厂布局	权益	2019 年产能（万辆）	生产车型
路桥工厂	99%	15	远景 X3
宁波慈溪工厂	99%	30	新帝豪、帝豪 EV、帝豪 PHEV、远景 S1、缤瑞
宁波春晓工厂	99%	20	吉利博瑞、博瑞 GE MHEV、吉利博越
湘潭工厂	99%	24	远景系列、缤越、缤越 PHEV
成都工厂	99%	13	远景 SUV、帝豪 EV、
宝鸡工厂	99%	20	吉利博越
临海工厂	99%	30	帝豪 GL、帝豪 GLPHEV、帝豪 GS
晋中工厂	99%	18	帝豪 GS、帝豪 GSc、帝豪 EV、帝豪 PHEV、几何 A、几何 C
大江东工厂	99%	10	ICON
宁波吉润工厂	99%	15	星越、星越 PHEV
贵阳工厂	99%	15	嘉际、嘉际 PHEV
合计		210	

资料来源：吉利汽车 2020 年科创板 IPO 说明书。

表 2-2　吉利招股说明书中关于销量的情况　　　　（单位：辆）

车型	2023 年 1—6 月		2019 年度		2018 年度		2017 年度	
	销量	比例	销量	比例	销量	比例	销量	比例
轿车	169 001	35.53%	473 740	38.41%	633 640	45.90%	611 019	49.23%
SUV	297 327	62.51%	728 080	59.03%	746 784	54.10%	630 085	50.77%
MPV	9355	1.97%	31 674	2.57%	—	—	—	—
合计	475 683	100.00%	1 233 494	100.00%	1 380 424	100.00%	1 241 104	100.00%

资料来源：吉利汽车 2020 年科创板 IPO 说明书。

李书福的精神：
吉利的四次战略升级

中国企业家的成功都不是偶然的，它与企业家的个人精神及其把握时代脉搏的能力分不开。企业家要在正确的时间做正确的事情，在企业发展的不同阶段采取不同的实用战略。

回顾吉利的发展历程，我们梳理出4次重要的战略升级，帮助读者厘清吉利汽车的成长历史，理解企业发展过程中战略布局的重要性。需要说明的是，我们对吉利的战略梳理，并没有完全照搬吉利公司在不同阶段的公关宣传，而是从吉利不同发展阶段所发生的实质性变化，梳理出更具有普遍性、可以供其他公司参考的战略升级脉络。

表 2-3 给出了吉利的 4 个战略阶段，从 1.0 到 4.0 代表了吉利汽车从机械时代到电子时代再到精品车时代，一直升级到面向未来的科技时代。我们提炼出吉利在每个阶段的主导战略、宣传重点、车型特点、代表车型和关键战略成就，以及下一阶段战略转型的诱因。每次战略转型让吉利在中国汽车发展的每个时代都守住了自己的擂台。

表 2-3 吉利的 4 个战略阶段（1997 年至今）

阶段	时间段	主导战略	当时的宣传重点及车型特点	代表车型及关键战略成就	下一阶段战略转型的诱因
1.0 时代	1997—2006 年（9 年）	低价战略	"造老百姓买得起的好车" 机械时代，初步形成造车能力，以低价换市场	美日、豪情、优利欧 成功渗透进入造车领域	低端廉价形象正在形成
2.0 时代	2007—2012 年（5 年）	技术驱动的新品战略，全球化战略	发布《宁波宣言》。"造最安全，最环保，最节能的车" 电子时代，社会消费升级加速，电子配置增加	远景、金刚、自由舰 收购沃尔沃	逆向工程造车的弊端显现

（续）

阶段	时间段	主导战略	当时的宣传重点及车型特点	代表车型及关键战略成就	下一阶段战略转型的诱因
3.0 时代	2013—2020 年（7 年）	基于全球化平台架构的精品车战略	"造每个人的精品车" 产品、供应链、工厂、制造工艺全面比肩合资品牌	博瑞、博越、帝豪 CMA 平台，支撑多个品牌发展，发布全新品牌标识，回归一个吉利	全球汽车产业格局剧变
4.0 时代	2021 年至今	汽车新生态战略	"智能吉利 2025"战略，"九大龙湾行动"，开启全面架构造车时代	星越、星瑞、极氪等	—

资料来源：作者根据公开资料整理。

吉利 1.0：通过低价战略进入造车领域（1997—2006 年）

1997—2006 年是吉利的初创期。和大多数中国企业一样，吉利在刚开始生产汽车时，并没有制定明确的发展战略。当时，中国的汽车工业是需要持牌的，能够涉足壁垒森严的汽车工业、开始汽车生产对于当时的吉利来说就已经是胜利了。

事实上，改革开放初期很多企业的战略从理论上看都不是战略，中国的企业家在那个年代都践行着最朴素的战略，例如"摸着石头过河""不管黑猫白猫，捉住老鼠就是好猫"。当时的企业家也被称为"能人"，李书福就是成千上万浙商中的"能人"之一。

当时，中国汽车行业主要由大型国企和少数合资企业主导，"有路必有丰田车"的广告语红极一时，印证了市场对外资品牌的高度追捧。

汽车在当时是奢侈品，价格居高不下。但高价刚好给了李书福市场机会，其实当时吉利没钱投入，也没有技术，只能制造经济型汽车。聪明的李书福根据这种实际情况，把"造老百姓买得起的好车"作为公司的第一使命，向市场推出了美日、豪情、优利欧等车型。通过模仿当时的合资品牌畅销车

(例如天津夏利和上海通用赛欧等），并采取低价战略，吉利挖到了汽车领域的第一桶金。

吉利 2.0：技术驱动的新品战略，同时启动全球化（2007—2012 年）

吉利通过低价战略，赢下了汽车市场的第一场战役。但是，这一战略越成功，也就越固化当时吉利的市场形象——"低端"。

为改变低端形象，新的战略势在必行。2007 年，公司发布了《宁波宣言》，概述了崭新的企业经营理念，从"低价战略"向"技术领先、质量可靠、服务满意、全面领先"战略转型。这个战略实际上就是做个好学生，向先进车企学习，并逐步追赶。这一宣言是吉利历史上第一次重要的战略转型。

在新的战略指导下，吉利开始关注日益壮大的中产阶级群体，将公司逐步推向市场价值链的中上游。

为了实现重新定义的雄心勃勃的目标，吉利努力建立起一个完整的生产体系来应对行业竞争，产品也从"老三样"（豪情、美日、优利欧）向"新三样"（自由舰、金刚、远景）切换，同时修改之前的低价策略，率先喊出"不再打价格战"的口号。

2009 年，吉利提出了宏伟的战略目标，制定了到 2015 年打造 5 大技术平台，15 个产品平台，衍生出 40 余款车的战略规划。为了支撑上述目标，吉利同年还发布了多品牌战略，公布了全新的 3 个乘用车子品牌，即全球鹰、帝豪和英伦。在该品牌战略下，吉利品牌围绕着上述三大品牌的经销商网络进行了整合，而吉利品牌被淡化，计划退出市场。自由舰和远景将逐步转向"全球鹰"品牌；金刚和金鹰将逐步转向"英伦汽车"品牌。

在这一阶段，吉利还做了一件在汽车行业令全球瞩目的事情，那就是在 2010 年以 18 亿美元收购沃尔沃。对于吉利来说，收购沃尔沃既是目的也是方法。收购沃尔沃让吉利成为全球化公司并且在很大程度上扭转了自身低端车生产商的形象,更使吉利获得了源源不断的先进技术以及先进的研发管理体系。可谓一石多鸟,事半功倍。作为一名拥有远见卓识的企业家,李书福非常清楚,如果吉利想要成为一家具有全球影响力的汽车公司,技术创新和海外扩张至关重要,而收购是获取新技术和国际市场份额最直接、最具成本效益的战略。之后,吉利收购沃尔沃的成功经验,被多次复制到其他的跨境并购中。

吉利3.0:基于全球化平台架构的精品车战略(2013—2020年)

识时务者为俊杰。吉利的多品牌战略在运行了4年之后,做了一次重大调整。2013年,吉利正式提出了"一个吉利计划",并提出"造每个人的精品车"。官方对这次转型的解释是公司当时的产品研发能力尚无法支撑多品牌战略。在新品牌架构下,帝豪、全球鹰、英伦三个子品牌汇聚为统一吉利品牌,并悬挂统一的新标识,原先的品牌降级为系列。

在造精品车的战略之下,核心技术的提升成为锚点,而CMA平台的推出,把吉利的发展推上了一个新的平台。

2013年是吉利收购沃尔沃的第3年,中欧汽车技术中心(CEVT)与吉利研究院的合作提升了吉利的自主开发能力。由沃尔沃主导、吉利参与,二者共同开发的全新中级车基础模块架构"CMA世界级模块化架构"成功出台。

这个阶段,收购沃尔沃的战略效果显现,通过CMA平台的打造,吉利明显加快了技术学习的步伐,夯实了汽车新品升级换代的基础,将公司从一个市场跟随者转变为行业领导者和创新者。此外,受沃尔沃以人为本的设计理念和在汽车安全方面斐然成绩的影响,近年来,对生命的尊重保护与对用户的安全保障也已成为吉利汽车设计与开发的首要关注点。

截至2020年,吉利拥有了CMA、BMA、SPA、浩瀚(SEA)四大模块化架构,正式全面迈入架构造车时代。我们之后会对吉利的平台战略的演变专门做一个课程进行描述。

当然，在推行一个吉利品牌战略的同时，基于与沃尔沃的合作，很快又有新的品牌推出。2016 年，吉利正式推出新高端品牌领克（LYNK&CO），这是吉利推出高端车的重要标志之一（该车型也基于 CMA）。

2020 年 6 月，吉利控股集团总裁、吉利汽车集团 CEO、总裁安聪慧宣布："科技吉利 4.0 时代开启，吉利迈入全面架构造车时代。"这说明，CMA 平台通过过去五年多的磨合，将广泛地运用到吉利旗下多个品牌的汽车，并由此全面支撑品质的进一步提升。

吉利 4.0：汽车新生态战略（2021 年至今）

为实现新生态战略，2021 年 10 月，吉利发布了"智能吉利 2025，与世界共享未来"战略和全面推进战略实施的"九大龙湾行动"，规划到 2025 年，吉利集团实现年销 365 万辆汽车。该销量的实现将通过总计 25 款以上的新品得以支撑，包括吉利品牌的 10 余款、几何品牌的 5 款以上纯电架构（含浩瀚架构）新品、领克品牌 5 款以上以及换电出行品牌 5 款可换电的智能纯电产品。

作为实现新生态战略的保障，吉利计划 5 年内投入 1500 亿元研发资金。值得一提的是，相较于中国其他车企，其涉及的多个技术领域的广度与深度（尤其是低轨卫星、甲醇混动等），都属于颠覆式创新，在相关领域令诸多竞争对手短期内难以超越。

根据这一战略，吉利在 2025 年将构建"一网三体系"，即一张"智能吉利科技生态网"，以及"智能能源、智能制造、智能服务"构成的三大体系。

"智能吉利科技生态网"的核心是低轨卫星通信和定位技术、测绘采集的覆盖中国的高精地图和导航技术，以及汽车芯片和软硬件自研体系和生态联盟。这三大部分的布局，将为吉利打造独特的智能汽车核心竞争力，即智能架构、智能驾驶和智能座舱。布局低轨卫星，确实独一无二，让吉利真正拥有自主技术的捅破天能力。2022年6月2日12时00分，"吉利未来出行星座"首轨九星在西昌卫星发射中心以一箭九星的方式发射成功，这让李书福越来越像中国版埃隆·马斯克。

李书福认识到，未来的汽车就是一个智能终端，所以，根据吉利的天地一体化战略，未来吉利将在智能驾驶、智慧物流、海洋渔业、智慧能源、环境保护、定制化遥感服务等领域开展商业运作，让吉利站在未来企业的前沿。

吉利的"智能能源体系"至少包含两大板块，分别是电动车领域的垂直一体化的技术布局和甲醇混动核心技术及甲醇汽车。电动车的电池以吉利威睿为基础，形成电池的多元化布局。电动车的电驱方面，吉利自研自产的碳化硅功率芯片，将于2023年量产。另外，吉利在"换电架构、换电站、换电车辆"领域已经拥有上千项技术专利，并参与了国家换电标准的制定，计划基于吉利专属换电架构，推出全新"换电出行品牌"。2022年1月24日，吉利控股发布公告与力帆科技共同投资6亿元组建的合资公司睿蓝汽车，即定位换电出行。

甲醇是李书福特别推崇的绿色能源，他在多种场合都提出了"推广应用甲醇汽车，助力交通领域碳中和"。2021年，工业和信息化部发布《"十四五"工业绿色发展规划》正式将甲醇汽车纳入绿色产品，并提出要促进甲醇汽车等替代燃料汽车推广。工业和信息化部等国家八部门联合下发了《关于在部分地区开展甲醇汽车应用的指导意见》，提出加快推动甲醇汽车应用，实现车用燃料多元化，保障能源安全。工业和信息化部在对十三届全国人大五次会议第2276号建议的答复中表示，下一步将围绕推广甲醇汽车、支持甲醇汽车产业发展、探索绿色甲醇汽车新模式等方面，加大工作力度，推动甲醇经济发展。将加快推广甲醇汽车，支持晋中市等试点地区因地制宜，进一步加快推广甲醇乘用车、甲醇重卡等商用车。

2022年，吉利在河南安阳投资的甲醇工厂实现产业化，利用副产的焦炉煤气，以年捕集16万吨工业废气中的二氧化碳作为原料，年产11万吨绿色低碳甲醇。在贵州，完善的甲醇汽车生产、销售、服务和甲醇燃料输配送供应保障体系已经形成，并通过市场化方式推广甲醇汽车超17 000辆，最大单车运行里程超过150万千米，全省投入运营甲醇燃料加注站超过60座，年消耗甲醇约25万吨，相当于替代汽油15万吨。吉利的甲醇汽车还走向冰岛、丹麦等海外国家，市场反馈良好。

根据吉利官方宣称，吉利拥有绿色甲醇科技，通过可再生能源电解水制造"氢气"，并和利用碳捕捉技术得到的"二氧化碳"进行结合，生成绿色甲醇。每生产1吨绿色甲醇可消耗1.375吨二氧化碳。目前，吉利在甲醇能源领域独步全球，拥有核心技术专利200余件，吉利基于甲醇的混动核心技术基本实现世界领先，在西安、晋中、贵阳等地规模化运行2.7万辆甲醇汽车，总运行里程达到100亿千米，最大单车运行里程超过150万千米。2023年2月21日，由吉利控股集团和河南省顺成集团共同投资的全球首个10万吨级绿色低碳甲醇工厂在安阳正式投产，每年生产11万吨甲醇，可直接减排二氧化碳16万吨。性价比是甲醇汽车最大的优势，以吉利2022年3月发布的第4代帝豪醇电混动轿车为例，该车型每100千米醇耗在9升左右，醇耗降幅超40%，折合每千米出行成本低于0.3元。

吉利的智能制造主要包含了吉利工业互联网平台——Geega，通过数字化转型提供"全链路解决方案"，目前该平台已经在集团内部的汽车制造和其他企业应用，实现生产效率的提升以及"源于制造，反哺制造"的生态循环。西安制造基地是生产"中国星"的超级智能"黑灯工厂"，目前还在规划成为以"零碳"为目标的碳中和工厂。

吉利智能服务的核心在于打造以用户体验为中心的"智能汽车"全场景智能服务体系，计划实现100%用户直连，并建立超过2000家数字化智慧门店，吉利汽车集团的 App 用户规模超 1000 万。

吉利的智能战略宣布的九大龙湾行动（见图 2-9），主要包括以下目标，即 5 年研发投入 1500 亿元；实现自动驾驶全栈自研；5 年推出 25 款以上全新智能新能源产品；2025 年集团总销量 365 万辆；2025 年海外销量达到 60 万辆，占比约 16%；2025 年碳排放总量减少 25%；实现 100% 全场景数字化价值链；2025 年 EBIT（息税前利润）超 8%；3.5 亿股股份，首批激励万名员工，打造中国汽车史上"手笔最大"的员工股权激励计划，让更多的核心员工从"打工人"蜕变成为"合伙人"。

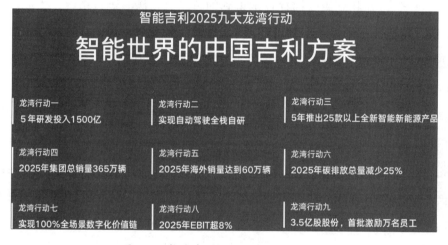

图 2-9　智能吉利 2025 九大龙湾行动

资料来源：吉利官方资料。

李书福的精华：
吉利的全球化战略

吉利的全球化战略是李书福让吉利实现突破式成长的精华。

在李书福的领导下，吉利始终坚持两条主线发展，第一条是不断推出新产品的成长战略，第二条是通过并购获得核心资产的全球化扩张战略。这两条主线并非独自发展，而是协同发展。这种发展战略，对于中国企业家如何在初创阶段就确保企业高速、持续不断地发展，有重要的启示作用。

吉利收购沃尔沃的案例已经广为人知，我们再以吉利收购伦敦出租车公司为例，说明吉利如何通过收购海外汽车企业，获得技术平台和国际认可，提高自己的品牌和技术优势，从最初的资产寻求（Asset Seeking）战略，逐步升级到资产创造（Asset Creation）战略。从理论角度，这一案例可以被解读成吉利汽车技术赶超和国际化的双轨并进。

第一步：以资产和品牌为导向的投资

伦敦出租车公司成立于1948年，其标志性的伦敦黑色出租车的历史则可以追溯到17～19世纪之间的马车。其独特的设计在1906年被标准化，包括：有足够的头部空间供戴礼帽的乘客乘坐，车辆转弯半径为25英尺（约8米）以便能在萨沃伊酒店的入口环岛上行驶。

2006年10月，吉利汽车公司从伦敦出租车公司的母公司锰铜控股（MBH）手中收购了30%的新股（价值1425万英镑）。一个月后，两家公司在上海成立了合资企业——上海英伦帝华汽车有限公司，吉利和MBH各占52%和48%的股份，在中国联合制造出租车，更确切而言是在上海生产新的伦敦出租车。这两笔交易完成后，吉利成为MBH最大的股东，持有其23%的股权。伦敦出租车从2008年开始在上海生产，这一具有鲜明英国特色的资产，自第二次世界大战以来首次在英国以外的地方进行生产。

从吉利的角度来看，收购伦敦出租车这一小众品牌是它在欧洲的第一步棋。吉利与MBH在上海成立合资公司，随后设立上海英伦帝华汽车有限公司制造汽车，意在吸收技术，降低制造成本。瞄准小众品牌也与吉利当时的能力相匹配。吉利以务实的态度，希望利用伦敦出租车标志性品牌的潜在价值及其海外营销网络，挖掘中国和亚洲市场，同时获取宝贵的外国技术和良好的品牌形象。简而言之，吉利希望通过合资公司实现中国的成本优势与英国的技术和品牌优势的协同效应。此外，在产品销售方面，合资协议规定吉利负责亚洲地区的销售，而 MBH 则有权在世界其他地区销售，避免了合资伙伴之间的竞争。

然而由于种种原因，合作初期的伦敦出租车在中国的生产和销售情况均不理想。人们认为伦敦出租车的技术是过时的，而在现有产品架构的基础上做技术升级需要花费高昂的成本。全球金融危机也给伦敦出租车的业务带来了进一步的打击。2009 年，MBH 公司仅销售了 1724 辆汽车，与 2008 年 1951 辆的销量相比有所下降，净亏损 690 万英镑。

吉利收购伦敦出租车项目，与收购沃尔沃的议价过程是同步进行的。2010 年 8 月，在完成沃尔沃交易的同时，由于 MBH 的不良表现，吉利拒绝了购买 MBH 2000 万股新股的邀约，导致其股份被稀释至 19.97%。但是，吉利并没有边缘化该项目。为了更好地适应不同的市场环境，吉利着手设计开发新一代的伦敦出租车，并依然瞄准蓬勃发展的中国市场。

第二步：伦敦电动汽车公司：资产创造、新投资和创新

转折点发生在 2012 年。MBH 经历了一场深刻的财务危机，因资金短缺而进入资产清算。这家位于考文垂的伦敦出租车公司于当年 10 月进入清算，176 名工人中有 99 人失业。作为当时最大的单一债权人，吉利考虑全面收购伦敦出租车公司。2013 年，吉利以 1140 万英镑收购了 MBH 剩余 80% 的资产。

这一交易过程体现了李书福在收购沃尔沃之后对欧洲文化的了解，以保障英国的生产为目标的收购理念让吉利很快与清算方普华永道达成了一致。此次收购由浙江吉利控股集团旗下的吉利英国有限公司完成，交易内容包括保留伦敦出租车公司总部的工厂、位于伦敦的 Mann & Overton 经销店

和相关房产，以及所有相关的经销店资产，还有位于曼彻斯特和爱丁堡的经销店。收购还包括厂房、设备和财产、知识产权、商标和MBH的"商誉"，以及未售出的库存车辆等。此外，协议还包括MBH在上海合资公司的48%的股权。从此，上海英伦帝华汽车有限公司成为吉利的全资子公司，吉利承诺将尽可能保障现有员工的权益。

收购之后，这一标志性品牌被更名为伦敦电动汽车公司（LEVC），以体现其在全球市场上为现代大都市开发和生产零排放的电动出租车和商用车的新战略。这一项目被纳入吉利城市交通转型的大战略（这一战略还涉及电动商用车、新能源商用车等）中。

这一战略举措也与伦敦新空气保护法规（2018年1月1日正式生效）有关。新规定要求新上牌的出租车必须能够在行驶30英里（约48千米）内不排放污染物。此外，欧洲有200多个城市建立了低排放区，对污染严重的车辆进行收费，同时禁止柴油车上路。这意味着欧洲和全球对电动出租车的新需求，为电动车打开了可观的市场前景。当然，也有来自其他汽车制造商的激烈竞争。

2015年，吉利宣布计划在英国考文垂附近的安斯提园区投资3.25亿英镑，为伦敦出租车公司新建工厂，以保障伦敦出租车TX4车型的组装。吉利公司曾与英国政府官员就将现有伦敦出租车改装成电动车的可能性进行谈判。中期来看，吉利承诺将注入新技术和供应链专业知识，升级TX4车型，并提高燃油效率。吉利还宣布生产新的电动出租车，这意味着颠覆式的技术创新。

2017年3月，新型出租车开始进入生产，年产能为组装3.6万辆。工厂面积为3万平方米，是一个为生产小众汽车专门打造的相对较小的工厂，但是，它是英国十多年来第一家新投产的汽车工厂，也是英国第一家专门生产电动汽车的工厂。

财务方面，在法国兴业银行的支持下，浙江吉利控股集团于 2016 年通过 LEVC 发行了一笔 4 亿美元的境外绿色债券，以资助零排放 TX5 电动出租车的研发、设计、产业化开发和生产。由此，浙江吉利控股集团成为中国汽车行业第一家成功发行离岸绿色债券的公司。绿色债券受益于中国银行伦敦分行开具的备用信用证。收购后，吉利表示，其首要任务将是平行推进新厂和现厂的生产、销售和服务，即考文垂工厂组装新伦敦出租车，同时保留老厂的 107 名员工。

第三步：全球资源重新设计制造

新伦敦出租车的设计任务交给了巴塞罗那吉利设计中心，这也表明吉利集团作为跨国企业的不断发展和成熟。经过巴塞罗那吉利设计中心的设计，LEVC 在 2017 年推出了全新的混合动力电动伦敦出租车，命名为 TX。与早期车型采用钢制框架不同，TX 采用了铝制框架，以弥补其笨重的锂离子电池带来的额外重量，但 2.2 吨的整车重量仍然比之前的车型重了 250 千克，这与严格遵循传统车辆的尺寸和外形有关。伦敦出租车公司执行副总裁彼得·约翰森（Peter Johansen）表示，考文垂工厂将为英国供应车辆，其他车辆将在上海的姐妹工厂生产，面向左舵市场。

设计最初希望追求新鲜感和现代感，但由于出租车的平均工作年限在 15~20 年，以大卫·安科纳为首的设计团队提出了一些更传统、更"永恒"的设计，试图"捕捉同样的舒适感"。独特的驼峰式发动机盖和凹凸不平的车尾使新型黑色出租车抓足"眼球"，多了一丝高端感，座椅的布置也进行了调整，最多可容纳 6 名乘客。

自 2017 年 8 月 1 日在伦敦推出到 2018 年年底，英国首都街头的 TX eCity 车型数量攀升至近 600 辆。TX 完全满足了 2018 年伦敦交通局的规定，这款车也是当时唯一能够满足这些规定的出租车。

2018年，吉利在浙江义乌新建了一个工厂，具备年产10万辆电动车的能力。在义乌生产的车型属于更新车型，针对的是中国高端出行服务的细分市场。

LEVC正在打造全球的大都市出租车车型。2020年年底，LEVC以伦敦为基地，推出了TX变型的VN5货车。2021年，LEVC进入瑞典、希腊、法国等市场，使欧洲大陆的销售合作伙伴数量增加到33个。

从LEVC案例看吉利的战略升级

吉利在全球化进程中吸收、整合和增加外国资产的能力非凡。在其逐步加大投资的过程中，收购伦敦出租车公司，并将其转型为新能源商用车生产商。一方面，使海外资产与母公司特有资源产生协同效应；另一方面，吉利还能够利用国际合作伙伴的优势，获得新的组织能力。

吉利收购伦敦出租车公司的案例可以分为两个阶段：第一阶段为资产寻求，对外直接投资，即获取全球品牌和相关资产的投资；第二阶段则是为了实现资产增值（Asset Augmentation）和资产创造的长期战略而进行的全面收购和控制，例如，吉利集团将在英国收购的资产整合到其快速扩张的跨国布局中，包括沃尔沃工程和巴塞罗那吉利设计中心，通过组合不同的资源、地缘和公司优势，实现资产增值和资产创造战略。

最后，从伦敦出租车公司到LEVC的演进，我们也看到了吉利长期规划的理念。相较于其他的上市公司，吉利基于长期发展战略目标持有并升级伦敦出租车，而不是只为了追求短期财务业绩，无疑是难能可贵的。

本课小结

吉利一路发展过来，至少有四次重大的战略调整与升级，在每个阶段成功的基础上，居安思危，前瞻性地布局公司的新境界——无论是技术升级、跨境并购、资本运作，还是商业模式创新。在多个维度中，通过跨境并购获得战略资产，是具有突破性的一步棋，实现了中国跨国公司的超常规发展。

理论探讨：
新兴国家跨国公司理论框架

在战略管理理论发展的过程中，被企业界广泛认知的是哈佛商学院迈克尔·波特的战略管理理论。作为定位学派的代表，迈克尔·波特在《什么是战略》一文中提出，企业战略就是创造一种独特的、有利的定位，战略涉及不同的运营活动。该理论系统包含了价值链、五力模型、三种竞争战略及钻石模型等。

在不同的年代，战略管理领域试图建立不同的研究范式。例如，明茨伯格等人（Mintzberg et al., 2005）将战略管理理论划分为十大学派，这些学派代表了不同的观点和方法。

企业设计学派（Design School）：强调战略的规划和设计，将战略视为一个系统化的过程，通过分析和规划来达到目标。

企业计划学派（Planning School）：关注战略的分析和计划，认为战略应该通过系统化的规划和分析来制定。

企业定位学派（Positioning School）：强调企业在市场中的定位和竞争优势，认为战略应该基于企业在市场上的独特定位。

企业创业学派（Entrepreneurial School）：强调创业和创新的重要性，认为战略应该由企业家的直觉和创造力来引导。

企业认知学派（Cognitive School）：关注战略制定者的认知和思维过程，认为战略是基于主观认知和解决问题的方式。

企业学习学派（Learning School）：认为战略是组织学习的结果，通过试错和经验积累来发展战略。

企业权力学派（Power School）：关注组织内部的政治力量和利益关系，认为战略是由权力和政治力量决定的。

企业文化学派（Cultural School）：强调组织文化对战略的影响，认为战略应该与组织文化相匹配。

企业环境学派（Environmental School）：关注外部环境对战略的影响，认为战略应该根据外部环境的变化做出调整。

企业配置学派（Configuration School）：认为战略是由组织内部各种要素的配置决定的，包括结构、资源和能力。

第3课

品牌策略：
从多品牌到一个吉利，再到群狼并进

在中国汽车业界，似乎没有人比李书福更懂得个人和企业品牌的塑造。初期，汽车狂人、草根创业者、搅局者等李书福的个人品牌是吉利的代名词；收购沃尔沃等国际品牌之后，吉利的国际化形象让吉利很快融入世界汽车主流。这些标签和画像在不同阶段都成功提升了吉利的国内国际品牌知名度。

吉利汽车品牌经历了四个阶段（见图3-1）。

吉利的品牌定位与价值主张一直在持续更新，经历了多个发展过程：从最初的"造老百姓买得起的好车"到"造最安全、最环保、最节能的汽车""造每个人的精品车"，再到"创造超越期待的智能出行用户体验"。目前，吉利的品牌策略是做强吉利母品牌、打造自主高端品牌、布局豪华品牌、发力新能源品牌。而从吉利2025战略可以看出，未来吉利将通过打造多品牌矩阵，实现其 2025 年集团总销量 365 万辆汽车的宏伟目标。

本课将回顾吉利发展的不同品牌阶段以及目前的品牌和车型组合，进而分析吉利的品牌管理策略。

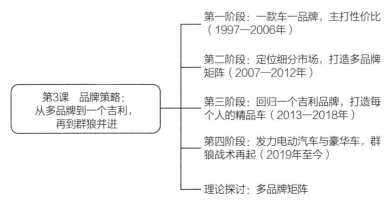

图 3-1　第 3 课思维导图

"摸着石头过河"是中国经济发展的经典语录，吉利的市场和品牌发展也大抵如此。

中国改革开放初期，大多数企业并没有足够的现代市场意识和品牌理念。那时浙江沿海的企业家们都会在春节的时候坐在一起交流市场情况并决定新一年的投资。品牌推广也多会选择更适合中国传统文化的营销策略，"吉利"二字在中国文化中便有大吉大利之意。

吉利在收购沃尔沃，成为全球化车企后发生了转变。从全球汽车产业迅速走向智能网联新能源车、纷纷布局汽车出行服务后，吉利的品牌管理面临着巨大的挑战，它不得不在中西文化、高端车和中端车、传统汽车和新能源车、吉利品牌与新并购品牌、乘用车与商用车、品牌车与出行服务品牌等多方面不断权衡。

吉利汽车作为在中国乘用车领域拥有自主品牌的领军企业，车型布局全面覆盖主流市场。在收购了沃尔沃等品牌后，吉利控股又拥有了全球品牌。

在品牌塑造方面，吉利在不同的发展阶段采取了不同的策略。

浙江吉利控股集团通过跨境并购，拥有了沃尔沃和沃尔沃子品牌极星（Polestar）两大豪华车品牌、路特斯（Lotus）超级跑车品牌，并与戴姆勒集团正式成立 smart 品牌全球合资公司。从此，吉利将通过多个品牌逐步实现从低端到高端的战略转移。图 3-2 展示了吉利汽车子品牌，图 3-3 所示为吉利 2022 年的品牌布局。

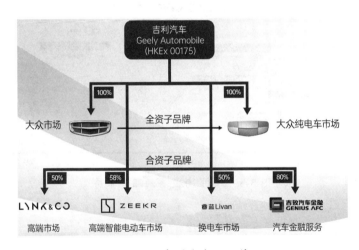

图 3-2　吉利汽车子品牌

资料来源：吉利官方资料。

第一阶段：
一款车一品牌，主打性价比（1997—2006 年）

吉利公司的名字寓意"吉祥"和"幸运"。吉利于 1997 年进入汽车行业，次年开始生产紧凑型汽车（即 A 级车，是最常见的家用型车），成为中国的第一家民营汽车制造企业。在这个阶段，吉利每出一款车就会为其命名一个品牌，并由此演变成所谓的多品牌战略，这个"战略"并不是事先明确的，而是一步步累积得出的。这个阶段的市场定位是"造老百姓买得起的好车"。当时吉利主打性价比，代表品牌有豪情、美日等，这些品牌车的价格多是中国老百姓能接受的。

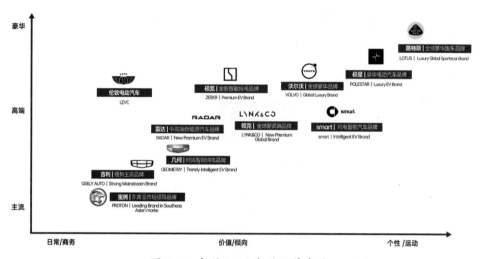

图 3-3　吉利 2022 年的品牌布局

资料来源：吉利官方资料。

市场定位：造老百姓买得起的好车

"造老百姓买得起的好车"是吉利最初的战略和品牌定位，其核心竞争力就是低价。

因此，吉利最初的竞争策略非常明确，就是"模仿"。吉利当时推出的包括豪情、美日和优利欧在内的几款车，都是基于已投产的外国汽车制造商和合资企业打造的同类车型。比如吉利发布的第一款车吉利豪情，从外表看有着奔驰汽车的前脸，车身造型和底盘则模仿当时最流行的汽车夏利，发动机采购自天津丰田。通过零配件的逆向工程和核心配件的组装并保持低成本和低价格，吉利很快在低价的细分市场找到了自己的位置，并赚得了汽车业务的第一桶金。

品牌策略：多品牌和模仿

每个品牌都蕴含着当时人们对美好生活的愿景。比如吉利的第一款车吉利豪情，体现了当时社会蓬勃发展的态势，也彰显了吉利豪情万丈的愿景。在商标设计上，吉利尽量模仿国际一流汽车企业，这种中西合璧的设计，非常适合当时中国刚刚富起来的消费者的品位。与当时其他汽车标志类似，吉利的第一个车标设计为一个蓝色的圆形框架，外环印着公司名称，内圆在天蓝色的背景中有一个金属三角形符号，类似于高耸的山峦（见图3-4），它代表了高性能汽车的一个顶峰，旨在弘扬亚洲人民勇于面对挑战和追求成功的卓越精神。同时，其内部设计也类似于6个数字6组合在一起，寓意六六大顺。

当时的中国社会正处在快速发展阶段，国人渴望通过汽车体现生活水平质的飞跃，同时也对海外的汽车品牌有一定的崇拜心理，吉利充分把握了这种社会情绪，及时推出相应的品牌。因此，吉利的第二款车于2001年1月上市，这款车被命名为美日（Merrie），寓意"美好的日子"，其"美好的日子，从美日开始！"的广告词迎合了人们对美好生活的向往。当然，它或许也暗示了吉利未来要超越汽车强国——美国和日本的抱负。这一命名方法被后续的优利欧（Uliou）所遵循，暗指它比当时中国流行的两款同级别车型（天津一汽的夏利和上汽通用的赛欧）更佳。

2014年之前　　　　2014—2018年　　　　2019年之后

图 3-4　吉利商标演变历史

资料来源：吉利汽车，经许可转载。

2005年6月,"自由舰"作为吉利全新的主打车上市,也是从这一款车开始,"造老百姓买得起的好车"的吉利口号响彻中国汽车市场。李书福在自由舰下线仪式上说:"希望吉利汽车从宁波这个港口扬帆启航,'舰'步如飞,走向全世界。"可见当时李书福已经将国际化作为吉利下一步发展的战略规划。

2006年8月,一款外观设计棱角分明,取名"金刚"的汽车上市。"金刚"也寓意"金刚品质、金刚精神",象征锐者的先锋气质和阳刚之美。2008年由此衍生的两厢版车型被命名为"金鹰"。

品牌事件:丰田起诉吉利商标侵权

吉利在李书福的领导下,赢了由丰田起诉的商标侵权案,这也是中国汽车企业的第一场商标战。

20世纪80年代,"车到山前必有路,有路必有丰田车"的广告词暗示了丰田在市场上的强势地位。因此,使用丰田发动机的吉利并未引起丰田的过多关注,但很快,吉利的崛起就让丰田感受到了威胁。

当时,全球汽车市场下行,而中国成为全球第一汽车市场的潜力已经初见端倪。丰田在中国销售威驰系列轿车,这款轿车与吉利美日系列轿车都采用天津丰田生产的丰田8A发动机,但威驰的基本配置定价为11万元,比美日高出了几万元。面对吉利美日的"丰田动力动心价格""丰田8A发动机"等宣传,丰田感受到了来自吉利的竞争压力。

2002年12月,日本丰田汽车株式会社将浙江吉利汽车有限公司和其北京经销商一并告上法庭。丰田向法庭提交了42份证据,称吉利从2000年5月开始在其"美日汽车"上使用的车标酷似丰田"牛头"造型的注册商标,对消费者造成误导而侵害丰田商标权,起诉标的达到1407万元(根据吉利卖出的23 200辆美日汽车,索赔1%的利润为1392万元,同时要求吉利支付其为制止侵权支出的15万元费用)。1407万元在当时是天价,这个案子也因此被称为"中国汽车知识产权第一案"。

面对丰田的起诉,吉利从舆论和法律两条路径入手,采取了果断的应对措施。李书福因具备媒体、政商和法律方面的经验而扭转了吉利面临的局势,并让此案成为中国民企和外国企业竞争的代表性事件。

2003年2月24日下午2时,吉利在北京召开"保护民营企业的知识产权新闻沟通会",发布了《关于浙江吉利汽车公司与丰田汽车株式会社商标纠纷案件》的报告。会后,有媒体发布了名为"丰田发难吉利"的新闻。

2003年3月9日,李书福利用在北京参加全国政协十届一次会议的机会再次表示:"不管打到哪里,官司都输不了,因为我们没有任何错。"当天下午,李书福还特意和消费者、经销商以及媒体见了面,强调吉利对丰田诉讼的态度,他表示:"只要稍微有些思想的人,就会看出丰田的'阴谋'。"

根据当时的法律文件,丰田公司称,吉利旗下的美日汽车在前盖、轮胎、方向盘、车辆行李舱等显著位置都有与丰田车极为相似的车标。通过对两个商标进行对比,丰田认为两个商标的外形结构上有五点相似之处,其中包括规格、主体形状以及色泽等。吉利使用这样的商标是有意引导消费者往丰田方向联想。吉利公司则认为,吉利美日的商标于1996年5月7日就已经在国家商标局注册,两公司的图像商标外形根本不相似,而且含义也不同。首先,美日车标是"美"字的汉语拼音第一个字母"M"和中文"日"字的结合,从外观上看像个地球,而丰田车标是抽象的牛头(见图3-5)。其次,在实际使用中从未使消费者误认。

图3-5 吉利美日商标(左)和丰田注册商标(右)

资料来源:中国国家知识产权局网站。

2003年年底，吉利与丰田的知识产权侵权案终于在北京市第二中级人民法院作出一审判决，对丰田公司的指控不予支持，吉利控股集团胜诉。在此风波之后，吉利也将用在美日上的车标束之高阁，将吉利作为品牌，美日作为车型。

第二阶段：
定位细分市场，打造多品牌矩阵（2007—2012年）

2007年5月，吉利"远景"上市，吉利发布《宁波宣言》，宣布战略转型，将原来的"老三样"——豪情、美日、优利欧的生产线全部淘汰，切换到新三样，包括远景、金刚、自由舰。

市场定位：细分市场战略

与其他自主品牌公司一样，吉利品牌发展的第二阶段，开始实施更有规划的多品牌战略，试图用不同的品牌占领不同的消费市场，除了推出三款新车（远景、金刚、自由舰），最重要的是打造三大品牌（见图3-6）：全球鹰（2008年）、帝豪（2009年）和英伦（2010年）。全球鹰汽车属于经济车型，吉利通过2002年收购的上海华普汽车有限公司开发，这款车型代表了风格、激情和梦想。帝豪定位中高端豪华车，以"豪华、稳定、动力"为特色，以"中国智慧、世界品质"为核心理念，代表吉利的崭新形象。英伦则是介于两者之间的中价位子品牌，这款车模仿了经典的英国风格，瞄准年轻、时尚和雄心勃勃的中国消费者。在吉利收购英国伦敦出租车公司后，英伦汽车的标识被选为这家分公司的新车标。

为了配合品牌的变化，这个阶段的车型命名也做了调整，都采用了两个英文字母加一个数字的命名序列。帝豪、全球鹰、英伦轿车分别以EC、GC、SC开头，而三个品牌的SUV分别以EX、GX、SX开头命名。

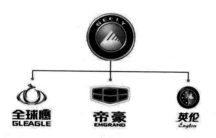

图 3-6　吉利 2008—2010 年的三大品牌矩阵

资料来源：吉利汽车，经许可转载。

2008 年，吉利"熊猫"上市，作为吉利全球鹰品牌的首款产品，该车型对标了丰田 Aygo 车型（该车型和标致 107、雪铁龙 C1 一样都由丰田、标致与雪铁龙联合开发）。国内比亚迪等公司也与上述车型对标，推出各自的 A00 级车型。

类似品牌与车型的组合方式，让消费者在选择的过程中被迫去理解不少概念，人为加大了购车决策的复杂度。吉利的多品牌与每个品牌背后的多车型，并没有拉动销售，反而导致了销量的下滑。表 3-1 展示了吉利汽车 2013 年主要的车型及销量。

表 3-1　吉利汽车 2013 年主要的车型及销量

主要车型	销量（辆）
EC7	192 226
EC8	10 284
GC7/SC7/远景	117 485
GX7/SX7	64 298
SC6	27 607
SC3	12 241
金刚	51 247
自由舰	37 857
吉利熊猫	35 085
其他车型	1 138
总计	549 468

资料来源：吉利汽车 2013 年年报，第 13 页。

品牌故事：吉利新商标

吉利开始实施新的品牌营销发展战略它于2007年向全球征集吉利汽车的新标识设计图案，开发了一个新的企业标识，但是由于获胜的设计方案与丰田车标相似，很快就被弃而不用。这时，为帝豪设计的图案反而脱颖而出，被选为吉利汽车的新标识（在盾牌形状的金色框架中，黑色和红色的矩形装饰与美国豪华汽车品牌凯迪拉克的车标有一些相似之处）。在一段时间后，吉利进一步改进了车标设计，并于2012年4月9日正式推出新的企业标识。根据品牌诠释，六框架的设计代表六块腹肌，象征着汽车的阳刚力量，而盾牌的形状则寓意对消费者的安全保护。蓝色宝石代表了蔚蓝的天空，黑色宝石寓意广阔的大地，双色宝石的组合象征吉利汽车驰骋天地之间，走遍世界的每个角落。

2020年，吉利汽车宣布从此前的"3.0精品车时代"进入"科技吉利4.0时代"，以BMA、CMA超级母体、SPA、SEA浩瀚架构为核心，进入"全面模块化架构造车时代"。在向"品牌和技术领先"的进阶中，吉利车标延续了品牌先前的六块宝石设计理念，以延展的宇宙为设计源点，将星光银、深空灰和地球蓝融汇其中，展示了吉利汽车从蓝天大地，升级到对广袤宇宙的追求。

第三阶段：
回归一个吉利品牌，打造每个人的精品车（2013—2018年）

"合久必分，分久必合"这一句中国谚语可以总结吉利品牌的发展路径，很难简单地说单一品牌好还是多品牌好，要看企业处在什么阶段。

时任吉利汽车集团CEO的安聪慧曾对上一阶段多品牌时代的战略总结道："吉利从2009年正式实行帝豪、全球鹰、英伦三大品牌并行的战略，实际上 3 个品牌发展不均衡，协同效益极弱。不仅英伦与全球鹰品牌定位重合导致严重内耗，而且市场认知度和销量较高的帝豪品牌也受到了队友负面口碑的影响。"

于是，吉利汽车品牌发展在 2014 年迈入第三个阶段。在当年第 13 届北京国际汽车展览会前的新闻发布会上，吉利宣布全盘整合旗下汽车品牌，回归一个吉利，收购的沃尔沃等品牌则独立发展。这一阶段吉利还以"打造每个人的精品车"为品牌定位，目的是改变吉利长期以来被纳入低端车品牌的窘境。

基于"一个吉利"的品牌战略，吉利车标开始统一使用帝豪的车标（即被网友称作"六块腹肌"的设计），之前的三个品牌规划和对应的产品规划也由此告终。吉利精品车的战略，得益于吉利的平台化战略，尤其是对沃尔沃的收购，更是让吉利在制造高质量、高技术、高价值的汽车方面有了技术底气。

新的品牌战略公布之后，吉利于 2014—2018 年先后推出帝豪系列（新款帝豪、帝豪 GL、帝豪 GS）、远景系列（第二代远景、远景 S1、远景 X1、远景 X3、远景 SUV）、博瑞、博越、缤瑞、缤越和嘉际等车型，紧抓国内乘用车市场规模扩张的红利，迅速占据中低端 SUV/轿车市场。

吉利在这个阶段既要梳理品牌战略，又要应对主力车型改款和新车型加速推出，以缓解上一产品周期切换的压力，还要推出全新的品牌领克以确保销量的持续上升，属实不容易。表 3-2 概述了吉利汽车 2018 年的主要车型及销量。帝豪和远景是吉利大众车型销量的"扛鼎者"，两款车型销量合计超过 100 万辆，贡献了吉利当年销量的 67%，而全球鹰和英伦汽车在总销量中的占比基本可以忽略。

2017 年，吉利与沃尔沃联合推出的全新品牌——领克亮相，第一款豪华车型领克 01 上市。该品牌定位介于沃尔沃与吉利之间，车型基于两家公司在瑞典中欧汽车技术中心（CEVT）共同研发的 CMA 平台。领克的上市，真正开启了吉利模块化造车的时代。

吉利在这个阶段的整体发展结果是积极的，销量从 2014 年的 41.8 万辆攀升到了 2018 年的 150 万辆，汽车平均税前出厂价也从同期的 5.2 万元上升到了 8 万元，同期的收入、净利润齐升（其净利润在 2018 年的峰值达到 125 亿元，2019 年开始下降至 80 亿元左右）。

表 3-2　2018 年吉利汽车主要车型（含领克 01）及销量

主要车型	销量（辆）
远景	160 168
远景 S1	67 908
远景 X3	136 997
远景 SUV	122 809
新帝豪	223 068
帝豪 GS	152 338
帝豪 GL	144 181
博越	226 160
缤瑞	40 632
领克 01	78 235
其他	148 342
总数	1 500 838
国内	1 473 070
出口	27 768

资料来源：吉利汽车 2018 年年报，第 24 页。

第四阶段：
发力电动汽车与豪华车，群狼战术再起（2019 年至今）

随着吉利自身国际化与整个汽车产业新四化（智能、电动、网联、共享）

的双重叠加，吉利品牌战略也快速发展到第四阶段，再度启动品牌群狼战术。在这个阶段，吉利既推出了专属电动汽车品牌，又将更多国际品牌通过并购收入囊中，另外还打造了多个移动出行板块的服务品牌。当然，这一阶段的多品牌与第一二阶段的多品牌有本质差别，属于品牌的螺旋式上升，目的是在新的智能电动汽车时代保持竞争力。

2019年2月，吉利集团公布了旗下最新的品牌架构（见图3-7）。根据新的架构显示，吉利旗下将拥有五个子品牌（吉利、领克、几何、宝腾、路特斯）。公司对吉利、领克、沃尔沃三大品牌做了进一步的定位。其中，吉利定位于主流乘用车市场，覆盖轿车、SUV和MPV；领克品牌定位于中高端乘用车市场，消费者群体为更年轻、更追求时尚与科技感的用户，与主流合资车型直接竞争；沃尔沃被定位为豪华品牌，在中国和全球销售。

吉利将几何作为纯电动汽车的全新品牌推出，与它在2014年宣布的一个吉利的品牌战略相矛盾。因此，2019年几何品牌的推出，也标志着"一个吉利"战略事实上的放弃，吉利再度开启了品牌群狼战术。

图3-7　2019年吉利旗下五个子品牌

资料来源：吉利官方。

实际上，吉利在新能源乘用车板块的品牌在2019—2022年的短短三年时间里，从零迅速增长到六个。其中归属于吉利的乘用车品牌包括枫叶（2022年演变为睿蓝）、几何、极氪，通过跨境并购获得的新乘用车品牌包括戴姆勒的smart、沃尔沃旗下的极星，以及马来西亚宝腾集团的路特斯。从广义的新能源汽车角度来看，吉利还全新打造了远程汽车和伦敦电动汽车（LEVC）两大品牌，这两大品牌归属于吉利新能源商用车集团旗下。

为何吉利需要为新能源汽车专门推出新品牌？从吉利竞争对手的角度来看，这似乎是多家传统车企的普遍选择，除吉利控股集团的几何与极氪外，还有东风集团的岚图、长城的阿维塔、北汽新能源的极狐、上汽集团的智己和飞凡以及长城的坦克和沙龙等。这背后有资本的力量，也有企业对新能源汽车引领公司品牌向上的期许，以及打造全新中高端品牌的战略布局。

吉利在电动汽车上投入了多个自主品牌和国际品牌，其群狼战术足见李书福对电动汽车市场的志在必得。

电动汽车的群狼战术：三个自主品牌（几何、睿蓝枫叶、极氪）

不同于特斯拉和比亚迪的单一品牌战略，竞争电动汽车市场的吉利一下子新创了三个自主品牌。

1. 几何

2019 年，吉利创建了几何品牌。吉利希望通过几何加强品牌的科技形象，以软件实力作为卖点，打造"几何+"汽车新生态；通过聚合产业上下游资源，鼓励产业链各方开源共创，孵化面向"互联网+电动出行生活"的新项目。

2. 睿蓝枫叶

睿蓝枫叶是吉利品牌中的另类，该品牌从枫叶演变而来。枫叶原本属于枫叶汽车，枫叶汽车属于吉利科技集团旗下的枫盛汽车科技集团有限公司，成立于 2019 年 3 月，该公司不在吉利汽车集团的子公司（包含吉利汽车、几何汽车、领克汽车、宝腾汽车、路特斯汽车和 smart 汽车）架构之下。因此，枫叶的品牌、渠道、营销体系一开始就都是独立运营的。

2022 年 1 月，吉利汽车旗下宁波吉利汽车实业有限公司和力帆科技（集团）股份有限公司共同出资组建合资汽车公司——重庆睿蓝汽车科技有限公司，双方各占50%股份；枫叶品牌也演变成睿蓝枫叶，定位于"换电轻出行普及者"。目前，睿蓝汽车已经形成了B端（枫叶品牌）和C端（睿蓝品牌）两大车型产品系列。根据规划，在2022—2024年，睿蓝计划每年最少导入两款换电车型，以多元的产品矩阵，不断焕新用户的出行体验。同时，睿蓝汽车还计划持续展开灵活、开放、快速的换电网络布局，计划在2025年建设5000座换电站。

3. 极氪

2021年，极氪诞生，它很快成为吉利在新能源车竞争市场中的"扛把子"。2022年，极氪旗下首款车型极氪001全年累计交付量达71 941辆，增长势头也很好，一度连续4个月销量突破万辆。另外，极氪001的平均订单金额超33.6万元，是2022年30万元以上中国品牌纯电车型的销量冠军。

在中国新能源车白热化竞争中，极氪的队伍不断扩大。2023年4月，极氪品牌的第三款新车极氪X正式上市，新车定位于紧凑型电动SUV，售价区间为18.98万~20.98万元。在此之前，极氪推出的轿跑001和MPV 009，售价区间为30万~60万元。

极氪品牌的推出，除了能实现新能源汽车板块的销量提振之外，李书福关心的是另一盘大棋——单独上市。2021年4月，极氪完成了股权调整，吉利向极氪控股倾注了吉利汽车欧洲技术中心（CEVT）100%股权、浙江浩瀚能源科技有限公司30%的股权，以及宁波威睿51%的股权等优势资源，意在搭建一个中国公司赴海外上市惯用的红筹架构（上市主体在境外，但经营主体在境内）。

2022年12月13日，吉利汽车发表公告表示极氪于2022年12月7日按保密基准向美国证券交易委员会递交可能进行首次公开发售的注册声明草拟本。2023年8月25日，中国证监会官网披露，对极氪智能科技控股有限公司境外发行上市备案信息予以确认；而根据公开媒体的报道，极氪计划融资逾10亿美元资金，寻求超过180亿美元估值，在美国IPO（首次公开募股），这个估值和蔚来汽车相当。

4. 三个品牌的内部竞合关系

枫叶隶属于吉利科技集团，不归属于吉利集团的其他乘用车品牌的集团分公司，销售渠道需要单独建立，与第二阶段的多品牌战略存在同样的运作问题。在吉利汽车与力帆科技于2022年成立重庆睿蓝汽车科技有限公司之后，睿蓝汽车作为公司名称，枫叶作为其品牌，似乎变得更为清晰。但是值得注意的是，在吉利汽车2022年公告中，睿蓝作为品牌没有Logo，而枫叶则不在品牌列表中，这也说明吉利当时对于两者之间的关系还在梳理中。

在吉利的群狼战术中，几何品牌生产中低端纯电动汽车，吉利品牌生产中低端燃油车和混动车，领克品牌生产中端燃油车和混动车，沃尔沃品牌生产高端燃油车和混动车，而极氪和极星则生产中高端纯电动汽车，但看起来理想的品牌图谱在现实中也会面临窘迫。

事实上，几何在推出市场之初，定位高端，但很快价格跌入10万~20万元这个竞争最激烈的价格区间。而极氪定位高档车，它的首款车型极氪001，定价28万多元，这个价格定位，为发展势头正猛的领克预设了天花板，并形成了同门相争的局面，因为极氪001实际上是借力领克ZERO快速推出的。由此，这似乎给了市场一个信号，即领克专注25万元以下的传统燃油车，而极氪主打25万元以上的纯电车型。那么，如果未来领克也要推纯电动汽车，该如何定价，又该如何调整其品牌定位？如果领克不推电动汽车，或者只推低价位的电动汽车，为极氪"让路"，就证明领克的品牌定位实则低于极氪一档。如果上面的假设都不成立，则极氪与领克势必将进入兄弟相争的局面。而事实上，2023年4月，极氪品牌的第三款新车极氪X切入了中国新能源车竞争最激烈的20万元以内的区间，也证明了吉利的品牌群狼战术的核心就是谁赢谁代表吉利。

2023 年 2 月 23 日，"吉利银河"正式发布，于是吉利新能源车又多了一个品牌。首款智能电混 SUV"吉利银河 L7"全球首发，吉利银河智能电动原型车"银河之光"也首次亮相，同时还发布了神盾电池安全系统、雷神电混 8848 以及全新汽车操作系统"银河 NOS"等一系列技术，将在吉利银河 L7 上搭载，成为 20 万元级智能电混的首选。

电动车的群狼战术：五个国际品牌（极星、路特斯、smart、沃尔沃、LEVC）

吉利把收购的五个国际品牌也纳入电动汽车的赛道。

1. 极星

极星（Polestar）是一个瑞典的小众汽车品牌，在 2015 年 7 月被沃尔沃汽车收购。2019 年 10 月，吉利集团与沃尔沃汽车共同出资成立了极星汽车销售有限公司，将其定位为独立的豪华电动汽车品牌。

后来，极星推出两款新产品（极星 1 和极星 2），两者价格差超过 100 万元人民币，这在全球汽车品牌与产品定位中也属特例。极星 1 为限量车型，在全球的官方售价为 145 万元人民币，而极星 2 的起售价仅为 25.28 万元人民币。

极星项目似乎很早就以 IPO 为目标。2020 年，极星经历了几次资本架构变更后由极星汽车（上海）有限公司全资持有。2021 年 9 月，公司宣布拟与美国特殊目的收购公司（SPAC）Gores Guggenheim 在纳斯达克股票市场合并上市，股票代码为"PSNY"，合并后公司的股东将包括持有多数股权的极星现有股东、Gores Guggenheim Inc. 以及其他公共和私人投资者。2022 年 6 月 24 日，极星汽车正式通过 SPAC 在美国纳斯达克上市，首日收盘市值为 266 亿美元（约合 1782 亿元人民币）。

2. 路特斯

路特斯（Lotus）是吉利控股集团 2017 年收购马来西亚宝腾 49% 的股权时一起打包而来的品牌（获取宝腾旗下路特斯 51% 的股权）。

在 20 世纪六七十年代，路特斯是比肩保时捷与法拉利的豪华跑车品牌，但到了 2008 年后便再无新车发布，到吉利手中时，早已是"落魄贵族"。

2021 年，路特斯被拆分为两个独立的业务单元——总部位于英国的跑车制造公司和武汉路特斯科技有限公司（简称"路特斯科技"）。2021 年 8 月，路特斯科技总部落户武汉，吉利投入 263 亿元用于其研发和建设工厂。

目前路特斯的年销量为 2000 多辆，面对吉利集团内部的高端品牌（沃尔沃、极氪、极星）以及更为强劲的国际豪华品牌的竞争，吉利明白必须持续高投入才可能成功。于是，吉利规划了该项目的上市融资。2023 年 1 月 31 日，路特斯科技有限公司和特殊目的收购公司 L Catterton Asia Acquisition Corp（LCAA）宣布，双方已达成最终并购协议，预计在 2023 年下半年完成合并。届时新公司将保留路特斯科技名称，在纳斯达克上市，估值 54 亿美元。

3. smart

smart 升级为小型高端电动汽车品牌也是一个值得关注的事情。2018 年，吉利投资了戴姆勒 9.7% 的股份。2020 年 1 月，吉利与戴姆勒共同成立 smart 品牌的合资公司，注册资金为 54 亿元人民币，双方对等持股。根据协议，合资公司致力于将连年亏损的 smart 升级为小型高端电动汽车品牌。公司总部设在中国宁波杭州湾新区，同时在中国及德国分别设立营销中心。2021 年 9 月，新合资公司推出了首款全新车型，精灵 #1 概念车，并宣布在全球范围内正式启用全新品牌视觉体系，这款概念车的外观与内饰，与先前的 smart 相比，有较大的不同，重点突出其更轻奢、更大、更潮趣、更智能的特点。

4. 沃尔沃

谈及吉利的电动汽车品牌，沃尔沃依旧是不可忽视的王牌，它在电动汽车领域必将高调出现。沃尔沃集团研发高级副总裁亨里克·格林（Henrik Green）在 2022 年 1 月透露：沃尔沃新一代电动汽车将全面涵盖 XC、S 和 V 系列车型，首款新一代电动汽车将是下一代 XC60，而目前市场上已有 XC40 和 C40，2023 年 EX90 也会诞生。未来沃尔沃的电动汽车将采用哪几个平台以便区分沃尔沃与吉利其他品牌产品也是吉利将来需要回答的问题。

5. LEVC

LEVC 在 2013 年 2 月被浙江吉利控股集团全资收购。2015 年首款增程式纯电驱动车型 TX5 全球发布，LEVC 正式进入新能源时代。2021 年，全新 TX5 赋能出行平台，指定运营服务商"礼帽出行"，打造"研发＋生产＋销售＋出行＋服务＋定制"六位一体的出行生态，开启全新零碳出行时代。2017 年 7 月，公司正式更名为伦敦电动汽车公司（London Electric Vehicle Company，LEVC），标志着吉利进入全球新能源城市商用车市场。

李书福的品牌愿景

李书福在 2020 年新年致辞中表达了吉利的愿景：吉利控股集团旗下吉利汽车、沃尔沃汽车、领克汽车、几何汽车、极星汽车、宝腾汽车、路特斯汽车、伦敦电动汽车、远程新能源商用车等各个品牌相对独立、协同发展，各自围绕用户和品牌定位，积极参与市场竞争。

基于这种信念，吉利制定了自己的设计理念：作为一个在全球汽车市场上竞争的中国品牌，吉利的目标是将中国汽车推向全球，让世界充满吉利。因此，吉利汽车为未来的品牌发展确立了以下总体设计原则。

平易近人：吉利汽车是一个独立的、正宗的中国品牌，能够在全球取得成功。

智能：吉利走在中国创业思维的前沿，对未来乐观并拥有强烈的成功意愿。

引人瞩目：吉利汽车以全球设计为基准，并从丰富的文化中获得灵感。

异乎寻常：最新技术不应与高价格挂钩，而应面向所有人，并无缝集成到用户体验中。

吉利品牌近年来的快速崛起已得到国际汽车业的认可。根据品牌金融（全球领先的独立品牌估值和战略咨询公司）2021年的研究，吉利汽车位列全球最具价值汽车品牌第21位，在中国民族汽车品牌中排名最高，其强劲增长主要来自吉利第三代车型的实力，更具体地说，吉利博越和帝豪EC7是中国最畅销的20个品牌之一。

展望未来，安聪慧充满信心："我们对未来的愿景不仅仅是成为中国领先品牌，而是成为世界上最具竞争力和受尊重的中国汽车品牌。"

吉利品牌发展的最新动向包括高调宣布从此前的"3.0精品车时代"进入"科技吉利4.0时代"，而改进的车标设计则更具质感和科技感，令吉利汽车品牌的形象焕发出全新气息，象征着吉利汽车将迈入全新的年轻化、科技化、全球化战略时代。图3-8展示了吉利控股集团汽车品牌。

图3-8　吉利控股集团汽车品牌

资料来源：吉利官方。

诊断吉利的品牌组合

吉利的品牌演变，伴随多个国际并购和新能源汽车、电动化等行业变迁，是中国企业品牌发展的典型案例之一，具有现实意义和理论意义。从实际情况来看，吉利的品牌组合相当复杂。

吉利之前的大多数车型在汽车市场上的品牌价值较低，一定程度上延缓了吉利品牌全球化的进程。通过收购沃尔沃、合资打造领克，吉利的品牌开始从低端向高端进发。但世界千变万化，电动汽车时代已经到来，特斯拉成为全球汽车第一品牌，市值战胜了所有的传统汽车。吉利在新能源电动汽车品牌方面的群狼战略，似乎有重复多年前试图打造多个品牌以拉动销量的做法，而这或许也会再次遭遇新的挑战。如何优化未来电动汽车领域的品牌组合，是吉利面临的新课题。

吉利作为中国自主民族汽车品牌取得了令人印象深刻的成就，但要成为被广泛认可的国际品牌，还有很长的路要走。目前，吉利多品牌齐头推进，并希望通过多个品牌独立上市的方法，让资本为其未来多品牌及产品打造战略加持。

我们建议吉利进一步优化（减少）品牌数量，形成品牌合力，重点打造不同品牌中的量产爆品，并与该品牌的调性相匹配。优先发展沃尔沃全系列电动汽车，也将起到引领作用，能迅速实现吉利集团量价齐升的增长，并进一步助力吉利的全球销量增长。目前，由于其他多个新品牌的推出，吉利的品牌定位进一步被压低，这也是吉利未来需要审视的问题。

本课小结

吉利的品牌发展历史，是中国企业成长过程中品牌管理的典型案例。从最初的每个产品就是一个品牌，到希望打造多个品牌拉动销量，之后回归一个品牌,力争更为理性地管理品牌。当然,随着集团并购以及技术更迭和商业模式创新(尤其是推出智能电动汽车和出行服务),品牌的数量再度快速上升,管理品牌矩阵的难度也再度变大。从卖产品到管理品牌,体现了一个企业的成熟度和现代化程度。

理论探讨:
多品牌矩阵

对现代品牌理论的奠基和发展影响巨大的三位学者为:现代品牌理论的开山学者戴维·阿克(David A. Aaker)、现代品牌理论集大成者凯文·莱恩·凯勒(Kevin Lane Keller)和欧洲学派的鼻祖让-诺埃尔·凯费洛(Jean-Noël Kapferer)。

阿克在 1991 年出版的《管理品牌资产》[⊖]中提出了品牌资本化的重要概念,这是现代品牌理论的出发点和立足点;阿克模型更是首次定义了品牌资产的含义和具体构成要素。阿克最早强调了品牌联想的重要性,探讨了评估品牌资产的方法(Aaker, 1991)。1998 年,阿克提出了基于单个品牌系统的"品牌群组"(Brand Portfolio)概念(Aaker, 2004),并指出这是一个认识品牌的全新角度。他在 2000 年还提出了"品牌领导力"(Brand Leadership)的新管理模式(Aaker et al., 2000)。

凯勒和阿克于 1990 年合作在顶级营销刊物《营销学报》上发表了经典论文《品牌延伸的消费者评估》(Aaker et al., 1990)。凯勒提出 CBBE 模型(Customer-Based Brand Equity),即基于消费者的品牌价值模型,这是剖析"品牌资产"的突破(Keller, 1993)。之后,凯勒将其经典论文的思想扩充成一部著作《战略品牌管理》(Keller, 1998),该书获得了品牌"圣经"

⊖ 此书中文版已由机械工业出版社出版。

之誉，并由此确立了战略品牌管理的严谨逻辑系统。凯勒的 CBBE 模型在"财务视角"和"市场视角"之外提供了第三种视角——"顾客视角"，并与现代营销学的核心思想一拍即合，从而爆发出更强大的学术生命力。该书还有多个概念创新，包括品牌联想（Brand Association）、品牌知识（Brand Knowledge）和品牌营销（Brand Marketing）等。

卡普菲勒则对品牌识别（Brand Identity）概念的发展贡献颇丰。品牌识别的核心思想是公司为了实现品牌身份的差异化，在不同的情境中，从不同的方向，用不同的手段或途径来展示或回答"我是谁？"的问题。在现代品牌发展管理实践中，学者们观察和归纳出两种截然不同的品牌战略：单品牌战略（部分属于家族品牌）和多品牌战略（企业为不同的产品类别创建多个品牌）。单品牌战略是指企业生产的若干产品或提供的系列服务都用同一个品牌。采用单品牌战略的公司包括汽车业中的宝马、奔驰，电子消费品业中的索尼、三星，计算机业中的IBM、戴尔、苹果，奢侈品中的爱马仕和迪奥，服务业中的众多银行、证券保险公司等。多品牌战略是指企业旗下多个品牌同时存在，独立发展，各有定位，锁定不同的细分领域。多品牌战略在消费品行业被广为运用，如日化业中的宝洁、联合利华，饮料业中的可口可乐、百事可乐，白酒业中的五粮液，烟草企业以及各大酒店集团等，主要原因在于消费者需求非常多元化。随着时间的推移，打造与管理多品牌是一个更困难的任务，因为品牌的集合有不同的优势和局限性（Calkins，2005）。有充分的证据表明，有效的品牌组合策略将对公司的营销和财务业绩产生重大影响（Morgan et al.，2009）。最典型的例子是联合利华——这个世界领先的日用消费品公司在 1999 年后将原先的 1600 多个品牌缩减到 400 个左右，把处于亏损或薄利状态的 1200 个品牌剥离。

第 4 课

研发创新：
从模仿、追赶到共创

研发决定了一个企业的未来，尤其是技术密集型的制造企业。吉利逐步打造的全球化自主研发体系，通过沃尔沃提速研发的双轨制创新体系，从模仿、追赶到共创，吉利的研发创新模式值得正在崛起的企业学习。

刚开始造车的时候，吉利的创新非常简单，就是学习和借鉴在中国畅销的车型。在吉利获得了沃尔沃100%的股权之后，通过沃尔沃打造汽车平台，这是李书福最迫切的想法；但是从技术转让上看，沃尔沃和吉利仍然是独立的，同时在融合方面也存在文化差异。因此，非线性思维的李书福，想到了成立中欧汽车技术中心（CEVT）作为沃尔沃和吉利合作研发的中间地带。

CEVT是吉利控股的全资子公司。自2013年成立以来，CEVT收获颇丰，它成为吉利和沃尔沃合作过程中令人印象最深刻的合作平台。该中心的建立，标志着吉利从"资产寻求"战略，逐步升级为"资产创造"战略和"资产增加"战略。

2021年7月，为了发展极氪品牌，极氪集团和CEVT订立了收购协议（同时收购的还有浩瀚能源及宁波威睿），表明吉利将以CEVT为核心资产之一，集中研发、生产及销售电动汽车所需的资产及技术，在电动汽车领域进一步发展。

本课将深入剖析吉利的研发创新模式（见图4-1），尤其是分析吉利如何通过中欧汽车技术中心，获得技术上的实质性突破，包括CMA平台和新品牌领克汽车的打造。本课最后也将分析极氪收购CEVT对吉利在新能源车时代的意义。

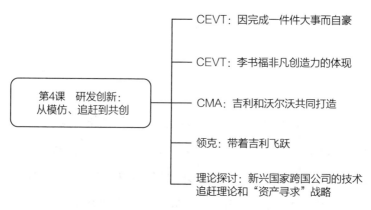

图4-1　第4课思维导图

CEVT：
因完成一件件大事而自豪

CEVT是中欧汽车技术中心英文缩写，它在吉利研发历史上，甚至中国汽车工业历史上都有重要的里程碑式意义。

正如CEVT官网主页所写："我们因完成一件件大事而自豪。"CEVT自2013年成立以来快速发展壮大，截至2022年已有约2000名员工。吉利通过全资子公司CEVT，创造性地把浙江吉利和沃尔沃两个独立的平台连接在一起，打造出领先的CMA平台，进而打造出达到欧洲标准的领克品牌。

CEVT位于瑞典汽车工业的心脏地带，是与吉利集团研究院并肩的另一个汽车研发中心，主要从事智能电动汽车的造型设计、软件系统开发、硬件模块开发、虚拟仿真技术研发以及提供智能移动出行技术解决方案。

自CEVT成立以来，它曾支持开发吉利的KC平台、FE平台，并正向开发了可拓展CMA平台。其中，KC平台和FE平台是吉利品牌的制造平台：KC平台主要投产B级以上（含B级）产品，FE平台负责开发A-到A级车型。

研究"CEVT如何发挥动态的协同作用将沃尔沃的质量标准与吉利的成本管理能力相结合"十分有意义。正是这种协同作用，产生了新的技术和知识，也产生了新的汽车平台，并最终创造出新的组件、工艺技术和新车型。可以毫不夸张地说，李书福收购沃尔沃之后，技术创造力核心来自CEVT。CEVT可被理解为吉利和沃尔沃之间股权收购之后更深层次整合的抓手。图4-2所示为CEVT的工作范围。

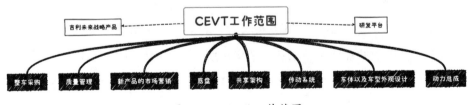

图4-2　CEVT工作范围

资料来源：作者根据采访和公开资料整理。

CEVT的业务包括汽车零部件、系统、架构与更多解决方案的研发和设计；同时CEVT还在这些领域为吉利控股集团下的子公司服务，其第一阶段主要涉及沃尔沃和吉利汽车品牌的项目，而第二阶段则为领克项目。

CEVT 最初的目标可以用五个方面概括：第一，为下一代紧凑型汽车开发新型通用模块化架构（即 CMA）；第二，基于新架构制造以客户为中心的整车；第三，为 C 级轿车开发共享零部件，为沃尔沃和吉利的不同品牌和客群提供技术解决方案；第四，完成整车设计；第五，推出先进工程和新技术解决方案。

基于 CEVT 上述五个定位，我们分别站在沃尔沃和吉利的角度来看可以发现：沃尔沃主要期望该中心能够创建新的架构（CMA）、开发共享模块化零部件；吉利的期望更高，除了上述的目标之外，还希望中心能够提供整车设计、产品开发以及先进的工程和技术服务。这意味着吉利期待从 CEVT 获得更多的收益。

CEVT：
李书福非凡创造力的体现

2010 年 3 月 28 日，吉利用 18 亿美元正式收购沃尔沃 100% 股权。2012 年 9 月，李书福决定在瑞典汽车中心建设 CEVT，这是他作为吉利掌舵人非凡创造力的体现。

事实上，李书福创建 CEVT 实属无奈之举，但李书福似围棋高手般仅用 CEVT 一粒棋子便盘活了整盘棋。表 4-1 所示为 CEVT 战略综述。

当时沃尔沃刚被吉利并购，对知识产权的输出特别谨慎，甚至做了不少干预，导致吉利获取沃尔沃的技术困难重重。首先，沃尔沃品牌价值与吉利品牌价值的落差较大。如果站在沃尔沃的角度来看，共享同样的技术将稀释沃尔沃的品牌价值，进而影响沃尔沃的销售。其次，福特持有沃尔沃长达 10 年，当时沃尔沃的 SPA（可扩展的平台架构）上很多技术和专利都是和福特联合开发的；在知识产权的使用上，收购协议对吉利有很多限制，沃尔沃不能直接将 SPA 的相关技术转让给吉利的品牌使用（比如吉利迫切地想获得发动机技术，沃尔沃方面却不同意授权）。

李书福虽然对这种情况很不满意，但还是"棋高一着"，一边提出了"吉利是吉利，沃尔沃是沃尔沃"的口号，一边创造性地成立了 CEVT。

实践证明，CEVT 的创建非常成功。吉利将 CEVT 视为它和沃尔沃之间的润滑剂。通过技术与研发活动协同工作，吉利快速学习并局部创新沃尔沃的汽车技术与管理体系。沃尔沃则通过吉利对中国市场进行洞察，提高其管理与控制供应商成本的能力，研发出新的汽车架构。两者的结合，是战略资产创造的典范。

CEVT 从初创开始，快速发展到拥有 2000 多名员工。CEVT 在 2019 年的预算超过 3.5 亿美元，是瑞典发展最快的公司之一。2017 年，CEVT 耗资 24 亿美元完成了 CMA 的基础开发，其中沃尔沃投资了约四分之一的资金，剩余资金主要由吉利投资。

随着时间的推进，CEVT 成为吉利的创新中心，并促进了整个吉利集团的创新。据 CEVT 的 CEO 方浩瀚（Mats Fagerhag）介绍，CEVT 的大多数员工在瑞典哥德堡的林德霍尔姆科学园和特罗尔海坦内工作，少数员工则在中国杭州工作。2022 年，CEVT 已经成为整个吉利电动汽车的核心研究中心。

表 4-1　CEVT 战略综述

地点	位于瑞典哥德堡林德霍尔姆科学园汽车产业群内，靠近沃尔沃，该位置可带来在工程和行业经验方面获得的积极的外部效应
所有权	吉利控股集团全资拥有的外商独资企业，拥有高度自治权。2021 年由吉利子公司极氪收购
实体与责任	完全向吉利汽车负责，与沃尔沃属于合作关系
组织结构	八个部门：研发、CMA 产品战略与产品线管理、质量、财务、人力资源、采购、吉利哥德堡设计、业务办公室 八个研发职能：架构、动力总成、底盘和安全电子部件、内饰、外观和车身、车辆集成、变速器、制造工程

（续）

经营目标	规划、开发和维护用于 C 级轿车的平台架构，用于吉利及沃尔沃的多个品牌；发挥多品牌、多车型的采购协同效应；CEVT 和吉利哥德堡设计中心，均与吉利总部研发中心开展协同与分工；加快技术和项目开发过程的学习；人力资源和人才培训
对吉利集团的战略价值	结合沃尔沃的技术优势和吉利的成本优势，提升综合竞争力；开发世界一流的整车平台架构，在集团内部打造共享平台，改善产品质量和品牌形象，优化成本协同效应和资源利用，为可持续出行做出贡献

资料来源：作者根据公司访问及公开资料整理。

CMA：
吉利和沃尔沃共同打造

是否拥有模块化平台是企业是否现代化的重要标准，例如大众有 MQB（横置发动机模块化平台）/MLB（纵置发动机模块化平台），雷诺－日产有 CMF（通用模块化平台），丰田有 TNGA（丰田新全球架构）等。所谓平台化，简而言之，就是把汽车制造当作电脑制造一样，一台电脑的主板就相当于一个平台，只要不同的硬件连接主板就可以获得多种不同配置。

2017 年，CEVT 成功开发完成了紧凑型模块化架构（Compact Modular Architecture，CMA）平台，让吉利从此有了自己专用的 C 级车模块化架构汽车平台，这个平台也是中国唯一可以和国际大厂抗衡的汽车平台。此后，在这个平台上，吉利和沃尔沃开发出了沃尔沃 XC40、极星 2、领克、星越、星瑞等多种车型。

CEVT 当时决定开发 CMA 平台，也是基于沃尔沃和吉利的共同需求。

对沃尔沃来说，系列车型的进一步扩展、产品力的进一步提升，需要一个全新的小型汽车模块化架构。吉利同样需要一个全新的平台，以便在 C 级车市场中推出高科技和高品质的汽车。很快，两者关于联合打造 CMA 的想法得到了双方高层的支持。CMA 平台希望实现三大目标：加快新车及零部件的开发进程，满足高质量标准、低开发成本的要求，实现规模经济（降低零部件采购成本）和范围经济（同一平台可以生产多种车型）。

CMA 设计始于对市场进行的全面调研，在充分理解未来市场的需求之后转向工程设计，最后再回到市场来平衡技术、质量、消费者需求和成本等几个重要维度。CMA 设计共成立了五个跨职能模块团队，集聚了沃尔沃和吉利在动力总成、车身、内饰、底盘和电气/电子产品领域的专家代表，共同进行工程设计、采购、产品设计、制造和测试。

沃尔沃对 CMA 的发展至关重要，其开发经验极大地促进了 CMA 平台在第一阶段的发展。CEVT 工程师在开发中全程保持与沃尔沃和吉利汽车的人员及时开会沟通，以商定共同的需求设置。CMA 的安全工程极大受益于瑞典和沃尔沃的传统，它引入了主动安全功能，例如 360 度环视、前方碰撞警告、自动紧急制动和行人检测功能等。它还引入了一些被动安全策略，例如战略性使用特种钢、创新的前部和后部压溃区以及能量吸收功能。

基于该平台，CEVT 为不同品牌的汽车开发了整体车身设计（Top Hat）及其视觉设计和内饰设计，其中也包括为吉利汽车进行的完整设计（总共设计了十多个完整的吉利车型）。CEVT 在 2019 年总共开发了 35 个不同的项目。

2017 年，CMA 基本开发完成。CEVT 首席执行官方浩瀚指出：CMA 是巨额投资的成果，吉利和沃尔沃为共同研发该基础模块架构已投入 24 亿美元，投资主体是吉利，但是根据协议，吉利与沃尔沃双方各拥有 CMA 50% 的专利和知识产权。该平台的开发非常高效，仅用了 9 个月的时间，相较于沃尔沃 SPA 22 个月的开发周期，开发效率大大提升；而且通过创新的设计和新技术集成，CMA 平台在吉利的参与下，更加注重性能、质量和成本节约之间的平衡。方浩瀚还指出：CEVT 为适应不断变化的环境而不断提升内部与外部团队的共创能力，持续提高组织能力，也是其成功的关键要素。

CMA 平台可以覆盖多个品牌和多种车型，被视为吉利和沃尔沃合作研发的重要成果，也被视为双方研发系统对接的桥梁。表 4-2 提供了在 2017—2021 年期间生产的基于 CMA 平台的车型销量，其中包括以沃尔沃、吉利、领克和极星等品牌为基础的多种支撑能源形式，例如传统燃油汽车（沃尔沃 XC40、领克 01、领克 02、领克 03、领克 05、吉利星越）、混合动力车型（领克 01 插电式混合动力版本、领克 01 混合动力版本、领克 02 插电式混合动力版本和领克 03 插电式混合动力版本、吉利星越插电式混合动力版本）和纯电动车型（极星 2）等。

在 CMA 诞生之前，吉利曾历经 5 年时间，斥资 110 亿美元打造沃尔沃的全新可扩展模块架构（SPA），但该架构在 2013 年时，尚不被允许使用到吉利的相关汽车品牌上。通过 CEVT 这一桥梁打造的 CMA 真正实现了吉利的平台战略，推动了吉利从单向地向沃尔沃输出资本、提升沃尔沃的技术能力与产品力，转变为真正的集团化汽车平台战略，让吉利的技术水平得到提升，参与到正向开发平台的全流程，并让吉利与沃尔沃共同受益，降低研发与零部件采购成本，提升产品多元化能力。这就是学术层面的"战略资产创造"。

表 4-2 基于 CMA 平台的车型销量（2017—2021 年）

车辆/型号	类型	起始生产年份	2018 年销量（辆）	2019 年销量（辆）	2020 年销量（辆）	2021 年销量（辆）
沃尔沃 XC40	紧凑型 SUV	2017	75 828	139 847	22 653	13 396
沃尔沃 V40	紧凑型	2017	60 461	39 561		
沃尔沃 V40 越野	紧凑型	2017	17 126	11 981		
极星 2	纯电动汽车	2020				
领克 01	紧凑型 SUV	2017	89 405	51 636	31 619	50 248
领克 02	超小型 SUV	2018	21 751	23 543	21 301	13 841
领克 03	紧凑型轿车	2018	9 258	52 887	70 334	76 725
领克 04	超小型掀背车	2020				
领克 05	紧凑型 SUV	2020			32 502	24 008

（续）

车辆/型号	类型	起始生产年份	2018年销量（辆）	2019年销量（辆）	2020年销量（辆）	2021年销量（辆）
领克06	超小型SUV	2020			19 700	53 605
吉利星越	紧凑型SUV	2019		23 944		
领克09	豪华SUV	2021				

资实来源：作者收集整理自沃尔沃官网、吉利官网、CarSalesBase网站、领克官网。

领克：
带着吉利飞跃

CMA落地让吉利从此有了现代意义上的汽车平台，也改变了吉利此前没有高端车型的历史。领克更是沃尔沃和吉利创造力的体现，通过在中国成立合资公司，领克可以充分使用双方拥有的知识产权以及沃尔沃的一些通用零部件。

基于CMA的领克车型是CEVT创建四年后实现的，领克是产品与流程创新的直接成果。CEVT首席执行官方浩瀚说："领克01的落地是'极费心思的经历'。"

领克不仅是吉利主导推出的一个新品牌，更代表着沃尔沃（拥有领克30%股份）针对吉利先前提出的开展深层次的战略协同的提议有了积极的态度转变。毫无疑问，CEVT诸多项目的推进让沃尔沃的管理层打消了不少疑虑，对双方联合打造领克品牌的信心大大增强，与吉利的战略合作伙伴关系也得到了显著加强。

领克项目始于2013年，在正式披露前被吉利用"V"代号推进。2017年8月，由吉利控股持股99%的附属公司浙江吉润、浙江豪情及沃尔沃汽车（中国）投资组成的合资企业（三方分别持股50%、20%、30%）按权益以现金方式注资。该合资企业主要从事生产及销售领克品牌汽车并提供相关售后服务，注册资本为 75 亿元人民币。吉利控股和沃尔沃各持其一半知识产权的所有权。根据合资协议，由 CEVT 与吉利集团的宁波研究院开发用于生产领克 01 车型、领克 02 车型及领克 03 车型的技术，并制定相关技术开发和转让协议，供合资企业使用和拥有。三方成立的合资企业，于 2017 年完成了对凯悦汽车大部件制造（张家口）有限公司 100% 股权的收购。之后，该公司负责生产领克 02 车型及领克 03 车型。

领克的品牌定位处于吉利和沃尔沃之间。从沃尔沃的角度来看，沃尔沃希望领克品牌与它保持一定的距离，吉利也强调这是一个完全独立的品牌。吉利将此新品牌定位于互联网连接和创新，主要针对年轻的职场人群。吉利希望借力领克打造当时它无法触达的更高端的市场。领克主要由 CEVT 哥德堡的团队操刀设计，领克团队由来自全球 20 多个国家的 200 多名设计师组成。领克也使用 CMA 平台，并以高端品牌为基准，使用与沃尔沃汽车 40 系列轿车同一高标准的生产线、组件以及供应链，包括共享 Drive-E 动力总成（汇集了发动机领域的许多先进技术，以更低的油耗和更少的排放获得更强的动力）。与此同时，领克来自世界顶级供应商的先进换挡、变速器、制动和其他零部件均具有出色的性能。

领克的产品矩阵也在逐渐丰富。领克 01 插电式混合动力车型于 2018 年 7 月首次引入中国市场，领克 02 插电式混合动力车型和领克 03 插电式混合动力车型自 2019 年 9 月开始销售。基于 P2.5 技术，领克的所有插电式混合动力车型均配备了 Drive-E 1.5TD + 7DCT-H 动力总成，以实现 262Ps 的全面最大输出功率。2021 年，领克发布了 SUV 车型——领克 09（见图 4-3），全系搭载 2.0T 发动机，并有机械、电动和轻混四驱多种模式。

在生产方面，第一个量产车型领克 01（包括内燃机和插电式混合动力车型）在台州路桥工厂生产，该厂也同时生产沃尔沃 40 系列以及吉利的一些中高端新车型。领克 02 和领克 03 在张家口工业园区生产。

第 4 课　研发创新：从模仿、追赶到共创　83

图 4-3　领克 09

资料来源：吉利授权使用。

领克在 2020 年已全面覆盖传统燃料汽车和混合动力汽车市场。2021 年年底，吉利位于宁波杭州湾的工厂投产纯电动车型。值得指出的是，沃尔沃的卓越技术与吉利的财务和组织实力之间的协同作用是保障领克项目成功的核心。

领克汽车的销售，依然使用传统经销商渠道。与此不同的是，在欧洲，领克计划采取订阅会员资格的形式代替购买进行市场化营销，其会员将有权租赁领克新车或二手车。该计划基于创新性的共享所有权机制，以用户体验为核心。领克原计划于 2020 年第四季度在欧洲销售其第一批汽车，其中包括电动和插电式混合动力车型；它将工厂建在中国，而不再是原定在比利时根特的沃尔沃工厂。2021 年，领克品牌汽车"领克 01HEV"和"领克 01PHEV"出口至欧洲市场的付运量为 11 602 辆，2022 年上半年在欧洲累计交付 10 912 辆。公开数据显示，截至 2021 年 6 月，领克向欧洲市场的整车出口达 3646 辆，2022 年 1—6 月在欧洲累计总交付 10 912 辆（销量＋订购量），同比增长两倍。

本课小结 ✏️

如何实现高效的研发创新，对于中国企业来讲，至关重要。模仿之路，很多中国企业都走过。在海外成立研发中心，也有不少领先的中国企业正在做。本课揭示了吉利如何通过成立海外研发中心和双向共创（沃尔沃的核心资源与吉利的竞争力），最终高效地研发出模块化平台架构，并且打造出全新的产品（领克），这一创新的全球化研发模式值得学习。更为重要的是，这仅仅是吉利自主创新的重要步骤，而不是唯一步骤。当中国的智能电动汽车在全球崛起的时候，吉利的研发中心也正从全球其他地区移到中国。吉利在这个新领域，进一步打造以中国研发团队为主、联动国际研发资源的创新研发体系。

理论探讨：
新兴国家跨国公司的技术追赶理论和"资产寻求"战略

技术追赶的理论与实践是发展经济学的重要研究内容之一。技术追赶的理论模型主要包括线性模型、动态比较优势模型和创新系统模型。

技术追赶的线性模型主要基于古典经济学中的比较优势理论。例如，格申克龙指出新兴国家的工业化首先通过模仿国外先进企业，然后通过逐步引进技术和知识实现（Gershenkron，1962）。但是，该模型忽视了技术的复杂性和非线性，忽视了落后国家的创新能力和创新环境，对于实现技术追赶过于乐观。

动态比较优势模型是技术追赶理论的一种扩展，提出该理论的主要学者包括克鲁格曼和波特等人。保罗·克鲁格曼（Paul Krugman）在1987年的文章《对新贸易理论的思考》中提出了新贸易理论，他认为发展中国家可以通过发展自己的产业优势来实现技术追赶。迈克尔·波特（Michael Porter）则在20世纪90年代提出了"钻石理论"。他认为发展中国家可以通过加强产业群之间的合作和交流，建立良好的创新环境和产业政策来促进本国技术追赶。这些动态比较优势模型都强调了技术的不断演进和变化，并将创新和产业升级作为关键要素，从而为发展中国家实现技术追赶提供更加全面和深入的思路。

提出创新系统模型的主要学者包括弗里曼和伦德瓦尔等人。克里斯托夫·弗里曼（Christopher Freeman）是技术追赶理论的先驱之一，他在1995年出版的《世界经济中的技术变革》一书中提出了创新系统模型的概念。他认为：技术创新是社会性过程，它不仅包括科学研究和技术开发，还需要社会、政治和文化等方面的支持；强调了技术创新的社会性和综合性，将创新视为一种集体活动，需要各个部门和机构之间的协调和合作。本特－奥克·伦德瓦尔（Bengt-Åke Lundvall）则在1992年出版的《创新、技术和经济》一书中提出了创新系统模型的另一种版本。他强调了知识的重要性，认为创新是建立在知识基础之上的。他的创新系统模型将知识作为创新的核心，强调了知识共享、技能培训和学习等方面的重要性。例如，阿姆斯登在研究了韩国企业后来居上的工业化成功经历后，特别强调社会学习能力在模仿和吸收从国外转让的技术中所起的关键作用（Amsden，1989）。这些创新系统模型还提出了创新政策、技术转移、企业合作等方面的具体建议，以促进发展中国家的技术追赶。

近几年，国际商务学科领域更加关注学习和创新的范式转变（Hobday，2005），因为这对于发展中国家的企业而言，把学习作为突出的技术追赶模式至关重要。此外，"资产寻求"战略一直被视为新兴国家跨国公司境外直接投资的主要驱动力（Mathews，2006；Buckley et al.，2007）。根据雅各布等人的研究（Yacob et al.，2018），吉利收购沃尔沃不仅是李书福全球"资产寻求"战略的关键一环，更是其"战略资产创造"的重要步骤，将企业的技术合作和研发创新能力提高到了一个全新的水平。康却克托与洛兰奇（Contractor et al., 1988）开创了"以技术为导向的伙伴关系、联盟和合作战略是如何创造新资产和新知识"的重要研究流派。坎特威尔的开创性研究揭示了跨国公司（MNC）与它们所在国家的创新产业群之间的互动（Cantwell et al., 1999）。除了上面两个互补的开创性研究之外，蒂斯（Teece，2007）深入分析了技术转让和技术共享对知识产权（IP）和技术许可的影响。

第5课

产品架构：
从逆向工程到架构创新

成功的故事总是相似的，全球成功企业的共同的特点就是创新驱动。

在汽车企业中，产品与服务的架构创新、正确的平台战略实施，都是核心竞争力。与此同时，我们必须承认，吉利的技术创新不是无本之木。它从逆向工程开始，而后持续在创新工作上发力，并在重复这一战略路径的企业中成为一个成功的范例。

本课我们分析吉利产品架构战略演化的四大阶段（见图5-1）。第一阶段是基于逆向工程的产品开发，快速进入汽车市场。第二阶段从逆向开发试图迈向正向开发，但过渡期挑战巨大。第三阶段是基于逆向工程的产品开发与通过沃尔沃技术支持实现的正向开发平台并存。第四阶段是吉利再度尝试通过沃尔沃的技术转移，实现以吉利为主导的正向开发。未来几年，吉利或将逐步走向第五阶段：全面打通与沃尔沃的技术协同，并打造吉利集团各个汽车品牌之间互通的平台战略。

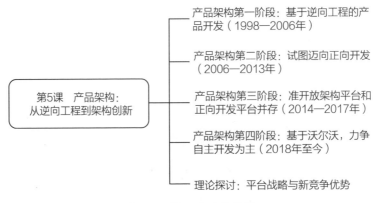

图 5-1　第 5 课思维导图

吉利从一家位于浙江的区域性企业成为全球跨国企业，无疑具有其独特的产品竞争力，而吉利成功的关键则在于始终推进产品架构创新（包括模仿与逆向工程阶段），并在后期发展中落地平台战略以保证其具有持续发展动力。

回顾吉利的发展历程，我们发现，李书福并不是天生的战略家，但是他渴望成功的企业家精神驱动他具备了学习能力与判断力，使他迅速学习产业发展规律，还能够跳出传统汽车人的思维惯性，前瞻性地判断汽车产业未来。回顾企业发展史，处于发展初期的吉利，资金和技术均非常有限，当时的李书福及其工程师们对平台战略是没有概念的，"两排沙发加四个轮子"是李书福对汽车的早期理解。即使对平台战略有所耳闻，那也是初创企业无法企及的目标。

产品架构第一阶段：
基于逆向工程的产品开发（1998—2006 年）

在中国对世界开放大门的时候，闻风而动的浙江企业每到欧洲举办新产品发布会时都会到场,并收集产品信息、购买样本。

吉利就是通过模仿外国公司在中国的畅销车型,以性价比作为竞争优势迈出了第一步。吉利的车型、平台及其逆向工程对象见表 5-1。这种产品架构后来被日本东京大学的藤本隆洪教授定义为准开放架构(参见本课理论探讨部分)。接下来,我们将用吉利的几款车来说明其准开放架构阶段的成长历程。

表 5-1　吉利的车型、平台及其逆向工程对象

平台	级别	车型	车辆类型	新车发布年份	逆向工程对象
GEC[①]	A00	熊猫	乘用车	2008	丰田 Aygo
FE	A0	金刚	乘用车	2015	丰田威驰,NBC 平台
FE	A-	远景	乘用车	2015	丰田卡罗拉第九代
FE	A	全球鹰 GX7	乘用车	2015	丰田卡罗拉
KC	B	帝豪 GT	乘用车	2015	丰田卡罗拉 GOA 车身
NL	B	博越 帝豪 X7 Sport	SUV	2016	丰田 RAV4 荣放

①熊猫的平台曾被称为 GEC。但是吉利将 GEC、GBC、GMC、GLC 和 GCT 平台代码更新成 FE、KC、NL 三大核心平台的时候,没有提及熊猫的更新代码。我们暂且引用先前的 GEC。
资料来源:作者根据采访和公开资料整理。

从夏利到吉利豪情:70% 的零部件可以互换

桑塔纳和夏利轿车是当时中国市场最畅销的车型。吉利在 1998 年投产的轿车——豪情,就是在天津夏利车型的基础上打造的。而夏利的生产技术则来自丰田的关联公司"大发"。

根据 2003 年对吉利宁波生产基地的调研,当年豪情的生产零部件采购分为三类,其中两类分别是来自夏利供应商的原厂零部件(占比 60%)和仿制的夏利零部件(占比 10%)。因此,豪情 70% 的零部件是可以与夏利车型互换的。其余的零部件则来自其他汽车品牌的供应商和吉利汽车自己的供应商,包括之前吉利摩托车的供应商(Wang, 2008)。

吉利的第二款车型——美日，对标日系车，同样通过上述模式生产。

华普的混搭：法国雪铁龙 ZX 和天津夏利

随着吉利技术慢慢提升，后来几年吉利具备了混搭来自不同车型零部件的能力，这是一种相对复杂的准开放式产品架构。

2002 年，吉利推出第三款轿车——华普。这款车的产品架构融合了两款车型：法国雪铁龙 ZX 和天津夏利。华普的车身和底盘是对雪铁龙 ZX 车型的模仿和改造，而发动机则是对丰田发动机的改造，其准开放式架构更为复杂，体现了吉利技术集成能力的进一步提升。

丰田发动机启示录：涨价倒逼吉利自己开发

吉利进一步升级准开放式产品架构，融入更多自主创新，也是与外部的竞争压力分不开的。其中，丰田发动机起到了重要的倒逼作用。

早先，丰田在中国生产的发动机产能较大，无法全部自行消化，并且丰田中国也没有把初创期的吉利当作竞争对手，因此就用销售合同的方式，把发动机小批量地卖给吉利。但是，随着吉利的采购量越来越大，丰田逐步感受到了潜在的竞争压力，于是将其 8A 发动机的价格从 1.75 万元提高到了 2.3 万元，并且要求先付款再发货。当时，吉利的美日车型零售价仅为 5 万元人民币，丰田的提价让发动机占吉利整车成本的近一半，成本结构迅速失衡。再加上现金流的因素，外采丰田发动机的造车模式已经没有利润空间，无以为继。如果丰田继续要求提价，甚至故意断供，那么吉利造车就会胎死腹中。之后，丰田出于竞争战略的考虑，也确实停止了向吉利销售发动机。

2002 年，吉利决定启动第一款发动机的自主研发，通过对丰田发动机的逆向工程，开发了吉利 MR4790Q 发动机，其价格是丰田 8A 发动机的三分之一。自主研发发动机的道路是艰辛的，主要通过内外结合，整合多路专家资源得以实现。吉利的发动机研发团队由原先在一汽和二汽的老专家、汽车变速器专家徐滨宽、原吉利从事摩托车发动机研发的老工程师等核心人物组成。发动机毛坯由一汽提供，电喷系统由博世中国提供，吉利自制汽缸体、汽缸盖等零部件。2003年5月，吉利很快又开始了第二款更高端发动机（CVVT-JL4G18）的研发。该发动机由一汽红旗的发动机专家杨建中负责，于2006年被中国汽车工程学会鉴定为"中国领先，世界先进"（王自亮，2021）。

准开放式产品架构形成

继华普车型之后，吉利的准开放式产品架构还被延展到其他车型上。在产品架构设计中，发动机和其他模块的接口是关键部分。吉利的同一款车型至少可以搭载两款发动机，一款是吉利自产的发动机，另一款则是性能更好的三菱发动机。吉利将选择权交给了消费者：要么选购更便宜的装有吉利发动机的车型，要么选贵一些的搭载三菱发动机的车型。吉利汽车的一位高级产品经理解释说："在设计阶段，我们为发动机预留了足够的空间。我们尝试在同一车型上装配不同的发动机，这些发动机均可以在不需要改变汽车其他结构的情况下正常运作。"（Wang, 2009）

基于逆向工程的准开放式产品架构，需要汽车公司在技术和工程上具备整合能力，以及供应链管理的创新能力，这也是吉利从零打造的核心竞争力。作为当时汽车行业的新手，吉利必须有其与众不同之处，于是便有了吉利在2000年蜚声于世的口号——"造老百姓买得起的好车"。在保持合理品质的前提下，显著的价格优势有力地保障了吉利初期的生存和进一步发展。

拥有极具竞争力的价格的同时，也需要平衡车子的质量问题。为此，吉利在供应链上做了以下安排：从摩托车行业的供应商处采购低成本的通用零部件，从大众、丰田、标致雪铁龙、日产、通用等全球汽车制造商的供应商处采购高质量的关键零部件，并在两者之间进行平衡。在总共 70% 的外部采购零部件中，上述两类供应商的占比大致持平。

吉利的产品架构创新力、成本控制力及供应链管理能力为公司未来的发展奠定了扎实的基础，这些能力后来还输出到了沃尔沃、领克、宝腾、路特斯、smart 等项目中，成为吉利的核心竞争力之一。

值得关注的是，准开放式产品架构在中国早先的制度环境下是动态演化的。20 世纪 90 年代初，知识产权法院才开始在中国的一些大城市设立。2001 年，中国加入世界贸易组织前后，国家对知识产权保护的执法力度进一步加大。中国车企对知识产权的重视程度也进一步提升，开始从单纯的模仿向逆向工程发展。在汽车设计项目中，越来越多的知识产权专业的律师和技术专家参与进来。此外，车企还主动注册专利来保护自身汽车技术的创新。比亚迪也是一家采取准开放式产品架构的车企，该公司创始人王传福表示："一种新产品的开发，实际上 60% 来自公开文献，30% 来自现成样品，另外 5% 来自原材料等因素，自身的研究实际上只有 5% 左右。我们大量使用非专利的技术，但非专利技术的组合集成就是我们的创新。我们要尊重他人的知识产权，可以避免使用非自主的专利技术。"

随着豪情、美日、华普车型的逐步老旧，销售更多老款车型只会进一步强化吉利汽车"低价、劣质"的负面形象。2004—2006 年，吉利汽车销售业绩不佳。令人担忧的销售业绩促使李书福做出了主流车企普遍选择的正向开发汽车平台的战略决策。

产品架构第二阶段：
试图迈向正向开发（2006—2013 年）

2006 年是吉利汽车战略转型的具有里程碑意义的一年。吉利发展的亲历者、吉利控股集团总裁安聪慧说："1998 年 8 月 8 日，吉利第一辆汽车下线，但实际上吉利从 1991 年就已开始做一些汽车的研发工作，只是到 2006 年的时候我们才发现，经过六七年的发展，早先通过模仿、借鉴，并在他人的基础上进行开发的模式已经无法跟上吉利的发展，我们必须走正向开发设计，必须要掌握产品核心技术。要有所改变。"（王寅，2015）

雄心勃勃的正向开发平台战略

2006 年 11 月，赵福全到任，他被任命为浙江吉利控股集团副总裁兼研究院院长，负责开发吉利新产品开发体系——正向工程体系（见图 5-2）。赵福全是少数有美日欧汽车界 20 年海外积淀，并曾任戴姆勒 – 克莱斯勒公司研究总监（Research Executive）的中国人。

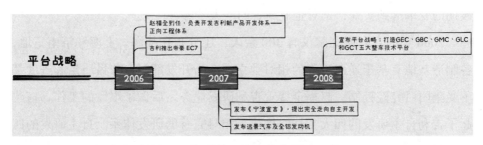

图 5-2　吉利第一次平台战略时间轴

资料来源：作者根据采访和公开资料整理。

2007 年，吉利发布了《宁波宣言》，提出要完全走向自主开发，掌握产品的核心技术，并发布了远景汽车以及全铝发动机。李书福更为吉利汽车制定了量化的发展目标，即"到 2015 年达到年销量 200 万辆"。

2006 年的吉利年销量才刚过 20 万辆。为了实现 200 万年销量，赵福全于 2008 年推出了更具象的产品平台战略规划，即五大整车技术平台、15 个产品平台，总计 42 款新车型，力争不同车型的共享部件达到 70%~80%。因为根据经验与惯例，一款车的平均销量应该在 2 万~8 万辆。五大整车技术平台代号分别为 GEC、GBC、GMC、GLC 和 GCT，覆盖经济紧凑型轿车、A 级车、B 级车、高级车和轻卡。例如，A00 级的熊猫是基于 GEC 经济紧凑型轿车平台打造的（作者对清华大学汽车产业与技术战略研究院院长赵福全的采访，2022 年 9 月 23 日）。

平台战略推进过程中的巨大挑战

2006—2013 年，吉利集团经历了从逆向工程向正向开发的逐步转型，这也是吉利研发体系最具挑战性变革的 7 年。吉利先前没有正向研发和实施平台战略的企业文化，因此，赵福全既要建立新研发体系，又要兼顾转型期逆向工程的车型项目，为实现 200 万辆的年销量目标持续推出新车型。吉利的战略变革势必驱动产品变革、组织变革、研发变革和文化变革，如何将过渡期的变革落到实处，是对企业高管的巨大考验。

2006 年的吉利研究院仅有 300 余人，还分布在临海、上海和济南三地，各制造基地有基于逆向工程的相对独立的产品开发部门，项目质量和进度都不受集团研究院控制。赵福全接管吉利研发业务之后做了艰巨的工作，搭建起了吉利自主研发的四大支柱，构建了相对完善的研发体系。自主研发的四大支柱包括人才、设备、开发流程和知识积累。如赵福全所说："这四大支柱互为支撑，缺一不可，共同构建在技术和管理辩证关系的基石之上，这种关系可以概括为技术是根、管理是魂。"（刘宗巍，2017）

赵福全用近三年的时间，搭建了新的吉利技术体系，该体系包含三层运作机制：第一层面的集团技术部负责制定技术和产品战略，在集团层面上决定干什么，进行立项管理，并对项目进行统一考核；第二层面的吉利汽车研究院负责具体实施各类研发项目，决定怎么干；第三层面的吉利集团各个基地的技术部，接受矩阵式管理，在行政上接受基地管理，在技术上则接受技术体系总体管理，落实产品的质量改进和工艺优化。赵福全称之为"与国际接轨、适合中国国情、具有吉利特色"的研发体系。该技术体系创新工程建设荣获了2009年国家科技进步"企业自主创新工程"类二等奖（一等奖空缺）的殊荣。该奖是中国面向企业设立的最高科技奖项。

吉利边梳理研发体系，边扩充人员，研究院从2006年的360人扩展到2010年的1400人。仅在2009年，就需要用1000多人承担包括26项整车开发及预研、13项动力总成开发等在内的95个研发项目，推出了EC7、EC7-RV、中国龙、熊猫自动挡等多款车型。吉利产品的技术、工艺、质量在此期间实现了跨越式的进步，在标准化、通用化、零部件共享等方面也有了很大改善。这正是赵福全带领的研发体系组织架构创新的结果，通过高度具体化的绩效考核体系保障研发体系的矩阵管理，开展"流水线式研发"，实现有限资源的最大化利用（刘宗巍，2017）。

在此期间，为了满足快速向市场推出新车的需求，部分新车型还是需要基于逆向工程开发，但是开发过程变得更加体系化了。在此之前，集团的生产基地负责开发产品（例如远景、金刚和自由舰），但各自的数模均不相同。之后，赵福全推进了吉利的技术语言（图纸、标准等）在全集团范围内的统一。

到了帝豪EC7时，基本进入了研发新状态。该车对标丰田第九代卡罗拉（E120/130）紧凑型车开展逆向工程开发。帝豪定位为吉利汽车的中高级车型，吉利希望通过这款车型，再度打入国际市场。为了进一步提高帝豪的质量，大量的全球供应商被纳入供应链体系，如西门子的电控系统、李尔公司的座椅、圣戈班的玻璃等。该车于2009年7月在浙江宁波工厂开始生产，并在商业上取得了巨大的成功。在此期间，除了畅销的帝豪EC7外，吉利还推出了EC8，以及全球鹰GC7、GX7和帝豪SX7，这些车型基本都基于EC7的平台。

这个阶段，吉利同样面临每年都要推出新产品的压力。只有通过新品拉动销售，公司才有足够的现金流和利润来支持正向开发新平台战略。因此，在这个关键的战略过渡期，必须要有逆向工程和正向工程的平衡和共存。转型期间，公司需要平衡短期盈利和长期发展之间的现实问题。从汽车销量的角度来看，2013年，吉利依然是基于逆向工程的车型创造了最主要的销量（见图5-3）。

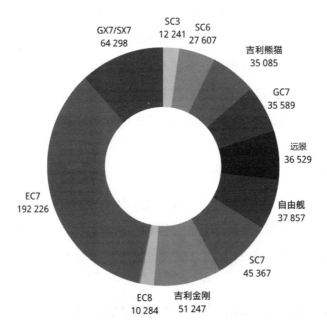

图5-3　2013年吉利汽车各车型销量明细图（单位：辆）

资料来源：吉利年报，2013年，第13页。

当时的中国汽车产业竞争十分激烈：本土车企，尤其是长城和比亚迪等，依旧延续逆向工程逻辑，采用准开放式产品架构，将新车型快速投放市场；而中外合资车企则基于外方合作伙伴的汽车平台，也能每年快速推出新车型。转型期的吉利则卡在了两者中间。在七年不到的时间内，吉利既要通过逆向工程快速产生新品，也要做研发体系的新旧过渡，为正向开发做好基础性准备，并同时启动正向开发。这就是短期商业价值创造与中长期公司战略实现及其背后的巨大研发投入之间的跷跷板，实现平衡的难度极大，这就是吉利当时最大的挑战。

2013 年 5 月，赵福全选择去清华大学，在更宽阔的空间和更高的层面继续为中国汽车产业做贡献。冯擎峰成为赵福全的接班人。

产品架构第三阶段：
准开放架构平台和正向开发平台并存（2014—2017 年）

收购沃尔沃之后，吉利的技术水平实现了跳跃式的发展。站在现在回溯过往，收购沃尔沃这样的神来之笔无疑是为吉利插上了飞翔的翅膀。

2014 年，吉利发布了新的愿景——"造每个人的精品车"，对应新品牌战略——"一个吉利"（集中资源打造一个品牌：吉利）。早在 2008 年，吉利就尝试了多品牌战略，相继推出全球鹰、帝豪、英伦三大子品牌，其销售公司随即成立品牌营销事业部，分别负责三大子品牌的规划与销售工作。几年运作下来，效果不佳，既没有实质性地提振销量，还弱化了吉利母品牌。2014 年，三个品牌合并，"吉利汽车"正式回归一个品牌。先前各自为营的汽车平台重新走到了一个新的节点，被再次梳理到一个更适应当下和未来发展的体系中。

这个阶段，吉利将之前基于逆向工程开发的平台进行了梳理，并系列化地推出了三个核心平台：FE、KC、NL。逆向开发的实质决定了这三个平台的通用性较差，单平台衍生车型较少，无法实现跨级别、跨车型的开发功能。随着逆向工程开发的车型数量进一步上升，并达到一定程度，汽车公司的整体开发成本和零部件采购成本的总和反倒会超过正向开发的成本。当吉利进一步做大，并追求快速研发出多系列新品、提升零部件通用率、降低集中采购成本时，必定需要转向基于模块化平台造车的技术路径。

针对这个不少中国自主品牌车企都会经历的发展阶段，赵福全认为："中国汽车企业应充分发挥自身'历史包袱'较少的优势，认真研究国际汽车企业的实践和经验，与核心供应商一起，尝试在模块化的道路上系统规划、稳健前进，逐步构建起一些集成度高、可靠性强的共性模块，集成应用到现有的产品平台上，即发挥'平台化+模块化'开发模式的优势，又避免过早陷入力所不及的复杂架构平台的开发中。唯有如此，才能最大限度地降低研发和制造成本、缩短开发周期，真正提升产品的核心竞争力。"

吉利是幸运的，与沃尔沃共同正向开发的 CMA 紧凑型模块化架构平台在这个阶段推出，标志着吉利通过跨境并购实现了技术升级的质的提升。

准开放架构的三大平台

1. 紧凑型乘用车 FE 平台

FE（可扩展框架）是一个紧凑型乘用车平台，是基于丰田卡罗拉技术的逆向工程实现的。它覆盖了 A-/A 细分市场，可用于生产乘用车（掀背车/轿车）、跨界车和 SUV。由于架构设计与丰田卡罗拉相似，所以两者的通用零部件占比较高。主要车型包括远景、帝豪 EC7 和全球鹰 GX7。该平台可以搭载多款发动机（从 1 升到 2.4 升不等），支持涡轮增压、直喷涡轮或者自然吸气发动机。变速器支持 4、5、6、7 速，手动或自动，以及双离合变速器（DCT）；也支持使用多种燃料，如乙醇、酒精、压缩天然气或液化石油气。电动汽车包含不同的选择，如纯电、增程式、混合动力和插电式等。在收购沃尔沃后，与安全性、机动性、耐久性相关的技术也被整合到了该平台。

实际上，该平台是基于先前的 GBC 平台的升级演化。先前的 GBC 平台，覆盖了吉利 A0-A 级车，主要推出了金刚、自由舰、远景等车型。有了沃尔沃的上述技术加持之后，GBC 平台演化为 FE 平台，推出了帝豪、远景等多款月销量过万的爆款车型。

2. 中型乘用车 KC 平台

KC 平台是一个中型乘用车平台。据分析，该平台最初基于丰田卡罗拉的 GOA 车身、雷克萨斯 GS 的悬架系统和大众 EA888 型发动机进行逆向工程改造而成。KC 平台的改进工作由 CEVT 和吉利汽车研究院共同完成。

在吉利和沃尔沃于 2012 年签署了两项技术转让协议后，沃尔沃将汽车安全和车内空气质量技术授权给了吉利，并立即在当时的两款新车型（帝豪 GT 和博越）上得到使用。帝豪 GT 等 B 级车中的高端车也采用了该平台，并于 2014 年上市。

从帝豪 GT 项目开始，吉利开始学习和掌握新车工程标准，包括零部件标准、系统标准等。为了进一步提高质量，吉利将更多的全球供应商纳入采购体系，在 113 家供应商中，有 69 家达到国际水平。

3. B 级 SUV 的 NL 平台

B 级 SUV 的 NL 平台最初是基于丰田 RAV4 荣放的逆向工程而来（见表 5-1）。NL 平台瞄准未来，在智能驾驶和新能源方面拓展，基于准开放式产品架构加入了更多的自主技术创新。

博越与帝豪 GT 是吉利汽车高端量产车战略的战略性产品。在项目负责人兼总工程师胡峥楠的带领下，项目于 2012 年 9 月启动。在博越的研发过程中，吉利高层希望对标大众途观，以进一步提升品质。这款车也得到了沃尔沃的一些技术支持，尤其是安全技术。在此期间，冯擎峰和胡峥楠在博越、帝豪 GT（博瑞）等多款车型的商业成功中发挥了关键作用。由此，2016 年，冯擎峰从吉利汽车研究院院长升任吉利汽车集团 CTO，并于 2018 年出任路特斯集团 CEO，胡峥楠则出任吉利汽车研究院院长。

在沃尔沃支持下实现的首个正向开发：CMA

吉利从基于逆向工程的准开放架构迈向正向开发模块化平台的重要里程碑是紧凑型模块化架构（CMA）平台。CMA平台由沃尔沃主导，依托吉利全资子公司CEVT研发。2013年2月，吉利在瑞典哥德堡成立了CEVT，CMA平台是吉利全球化研发的重要代表作。萨博研发前负责人方浩瀚被聘为CEVT的CEO。2000多名工程师中有许多来自沃尔沃。CMA平台的开发借鉴了沃尔沃新产品并发体系（VPDS）的知识体系。虽然来自中国的工程师不多，但是吉利也通过派驻中国工程师，开始更深入地学习VPDS。几年之后，吉利基于VPDS的逻辑，结合吉利的组织形式，打造了吉利汽车正向开发体系NPDS，该体系及相应的工具链可以和沃尔沃的VPDS产生高度协同。这正是吉利实现技术追赶的核心所在，即通过跨境并购，快速打造自身正向开发体系。

尽管该项目在瑞典研发，并且沃尔沃的技术体系及人才投入占比更大，但是吉利也"润物细无声"地输出了吉利的文化，带来了吉利的活力，并积极推动了项目进程。吉利从一开始就为CEVT定下了宏伟的目标：在保持相同质量标准的前提下，以较少的投入缩短开发周期。这个目标也确实达到了。相比沃尔沃SPA平台开发耗时22个月，CMA平台只用了9个月就画出了设计草图（基于2019年10月21日对CEVT副总裁魏刚的采访）。总投资额达120亿元的CMA平台于2016年正式对外公布。

CMA平台灵活可扩展的架构类似于大众汽车的MQB平台，二者同属于超级平台，具有更高的灵活性和先进的模块化部件，平台可以覆盖A级到C级汽车。这意味着从技术角度，CMA平台可以生产从轿车、掀背车、轿跑车、SUV、跨界车到SUV轿跑车等不同的车型。

CMA平台的主要优势是进一步提高零部件的通用性，从而通过集中规模采购降低成本。沃尔沃（S40）、极星、领克、吉利等不同车型均采用

CMA 平台。当然，也需要站在不同汽车品牌定位及消费者偏好角度，做好零部件通用化与差异化的平衡。以沃尔沃的 XC40 和领克 01 车型为例，首款车型投产于 2017 年，为了保持两个品牌的差异化，两者的零部件有计划地做了适度的共通化，比如变速器的零部件大概只有 50% 的共享（作者 2019 年 10 月 23 日对 CEVT 副总裁 Per Ferdell 的采访）。

产品架构第四阶段：
基于沃尔沃，力争自主开发为主（2018 年至今）

B 级车模块化架构（BMA）平台标志着吉利汽车平台设计能力的内生化。BMA 平台打造的过程，是吉利希望彻底掌握新产品开发体系方法论的过程，更是吉利的 NPDS 在吉利内部的第一次完整大合练，这就是 BMA 的重大意义所在。

BMA 平台由吉利自主研发，历时 4 年打造，于 2018 年公布。BMA 平台专注于 A0 到 A+ 车型市场，模块化程度高，动力模块、电器模块、底盘模块、车身模块等都可以如积木般随意组合，实现了标准化和共享化。这与全球车企的平台化研发理念是一致的。

BMA 平台可覆盖轿车、SUV、跨界车、旅行车、MPV 等多种车型。在内燃机车型上，BMA 平台可搭载 1.0T、1.4T、1.5 T 等多种动力总成（涡轮增压款的发动机属于与沃尔沃共同研发，也可用于沃尔沃 XC40 越野车）。该平台还提供多种能源解决方案，包括插电式混合动力、普通混合动力和轻度混合动力等。平台同时提供动力、电气、底盘和车身模块之间的标准化接口。采用 BMA 平台的车型包括缤越（一款代号为 SX11 的小型 SUV）、ICON（紧凑型 SUV）等。

据吉利介绍，BMA 平台的不同车型的零部件通用率达到 70%，高于

CMA平台。对于总装车间来说，在同一条生产线上可灵活装配基于BMA平台的15个车型，自动化程度可达到95%。

从技术角度看，CMA平台和BMA平台有部分重合之处，那么开发BMA平台的动机是什么？根据官方公布的文件，我们推测出两个动机。第一，与CMA平台互补，可用于更小的A级车。BMA平台的轴距在2550~2700毫米，轮距拓展范围在1500～1600毫米，比CMA平台更小。BMA平台计划将目标市场锁定在A级车需求量巨大的东欧、西欧、非洲、南美洲和中东地区。第二，在定价区间上，CMA平台涵盖了15万~30万元的区间，而BMA平台则涵盖了10万~15万元的区间。

CMA平台与BMA平台的"重复建设"，也是吉利希望通过沃尔沃获得技术协同的理想与现实的妥协。因为尽管开发CMA平台的全部资金都来自吉利，但沃尔沃担心与吉利品牌共用该平台会对沃尔沃的品牌造成伤害，因此对CMA平台是否可以用于吉利所有车型是有所顾虑的。反过来，吉利也不能因为沃尔沃的掣肘而限制了自身的发展。吉利迫切希望有更为自主可控的全球扩张，既包括吉利的品牌，也包括公司的海外子品牌，比如除沃尔沃之外的宝腾、路特斯等。在开发完CMA平台之后，吉利发现该平台还是"太贵了"，吉利其他车型目前的销售价格，与基于CMA平台的零部件采购成本之间存在匹配问题，短期内无法自洽商业逻辑，这也是吉利寻找其他平台方案的原因之一。

BMA平台展现了吉利对新产品研发平台能力进一步内生化的雄心。根据时间线，2013年在瑞典的CMA平台项目和2014年在中国的BMA平台项目接连启动。在中国开发的BMA平台以吉利工程师为主，是吉利平台设计国际化的重要一步。

我们观察到，为了高效实现这个项目，吉利做了创新的组织架构。尽管CEVT和吉利汽车研究院是并列关系，但是为了方便新产品研发与技术协同，吉利总部任命 CEVT 公司 CEO 方浩瀚为吉利汽车研究院副院长，方便对研究院资源的调动与协同。这样的领导架构保证了源自 CEVT 的 CMA 的知识体系向吉利汽车研究院的 BMA 平台的部分转移。在学习 CMA 平台的基础上，BMA 平台的研发效率进一步提高。CMA 平台的工程师人数超过 2000，而 BMA 平台的工程师人数则在 500 人左右，同时还有来自 20 多个国家的近百名模块化架构专家参与其中。BMA 平台的核心研发时间缩短到 24 个月以内，比常规的 40 个月的研发时间缩短了近一半，但项目的总体交付还是需要 4 年多的时间。

BMA 平台的开发并不是简单地做个缩小版 CMA 平台。从技术角度来看，BMA 平台是一个糅合的概念，既要考虑沿用吉利历史平台的零部件以确保成本可控，又要引入 CMA 平台的模块化概念，进行模块化架构开发实践。根据我们的观察，BMA 平台可能参照的是丰田威驰、NBC 平台或卡罗拉平台，因为从最终产品来看，BMA 平台的悬架系统设计和燃油系统设计与 CMA 平台有明显区别。不过，BMA 平台也不是吉利之前 FE 平台的简单改名。例如，在领克上使用的发动机和变速器被整合进了 BMA 平台，这点可以通过拆解使用 BMA 平台的缤越车进而看到带有领克公司标识的相关零部件获知。当然，两个平台也有部分技术共享，例如，电子安全系统和清洁空气技术也被整合其中。由此可见，BMA 平台融合了多项来自不同途径的技术。

用打造 BMA 平台的相同方法，吉利通过与沃尔沃的联合开发，在 CMA 平台的基础上还在中国打造出了 AMA 平台和 DMA 平台。AMA 平台被定义成新能源车的专属平台，DMA 平台用于 B 级轿车、SUV 等车型，同时 DMA 平台也可以生产新能源产品。为区分品牌，CMA 平台、DMA 平台将全面应用于除了沃尔沃之外的吉利集团的汽车。

只有在完整地经历了 BMA 平台研发这一轮渐进式实践之后，吉利才能够大刀阔斧地上马 PMA 平台项目。吉利的纯电动汽车平台——PMA，由李书福于 2017 年 5 月在中国发布。该平台由 PMA1 和 PMA2 两个子平台组成。前者针对 A 级和 B 级、5～7 座电动车，后者则针对迷你 2 座电动车。两个品牌（吉利和领克）首先使用 PMA 平台。吉利品牌的电动车面向中国市场，将涵盖 A+ SUV、A0 Crossover、A 级 SUV、B 级 SUV 和 B 级轿车。领克汽车计划将市场拓展至欧美，规划了 A+/B Crossover、City car、C-Family Crossover、1+/B High SUV、A+/B Coupé 等 10 款车型。

与 CMA 平台不同的是，PMA 平台由吉利和沃尔沃在中国联合开发，而不是由 CEVT 开发。PMA 平台开发由吉利集团副总裁、吉利电动汽车研究院院长 Ulrich Schmalohr 领导。该研究院位于杭州湾，是吉利研究院的附属机构，由胡峥楠领导。

2017 年 12 月，吉利汽车集团与沃尔沃汽车集团成立了新的技术合资公司——宁波时空方程技术有限公司（GVAT），注册资本为 6 亿元人民币，由吉利和沃尔沃对半出资，总部设在浙江宁波，并在瑞典设立子公司。合资公司主要作为吉利与沃尔沃之间的桥梁，实现电动汽车的环保技术、平台（底盘）、发动机等技术信息的迅速共享，并制定和实施通过零部件联合采购来降成本的方案。由此，CEVT 的现有技术将通过这个新的公司实际授权给吉利旗下所有品牌。看似仅仅多了一个合资企业，实际上，GVAT 是沃尔沃向吉利安全地转移技术的重要架构安排。作为吉利与沃尔沃技术共享载体的 GVAT，还有一个重要意义是共同规划供应链协同。对于总采购量过 200 万台且全球布局的吉利而言，产品协同和供应链协同的意义重大。

2018 年 3 月，吉利汽车宣布在杭州湾总投资 315 亿元人民币，其中吉利汽车研发中心二期、三期投资达 70 亿元，PMA 纯电动汽车项目的投资达 145 亿元，预计将达到年产 30 万辆电动车的产能。

2020 年 9 月，PMA 这个代号被升级为浩瀚 SEA 可持续体验架构。新架构具有更广泛的可扩展性，能够扩展到 D 级、E 级车辆以及轻型商用车，包括前驱、后驱和全轮驱动的规格。考虑到未来汽车的智能网联性，SEA 将操作系统（OS）、开源协作生态系统一并纳入架构设计。吉利宣布将这一架构开放给其他 OEM 厂商，并开始了一些初步的合作探讨。在 SEA 平台设计过程中，吉利位于中国、瑞典、英国和德国的研发中心都有参与，技术开发由吉利控股汽车架构负责人肯特·鲍维澜（Kent Bovellan）主导。从 PMA 平台的投入开始算起一直到 SEA 平台，累计投资超过 200 亿元人民币。

根据我们的观察和分析，吉利在中国成立 GVAT 的另一个重要原因是中国电动车产业的技术生态更加完整、市场需求更为强劲。中国已经是最大的电动汽车生产国和消费国，几乎拥有完整的供应链。根据工业和信息化部消息显示，2021 年，中国新能源汽车销售完成 352.1 万辆，同比增长 1.6 倍，连续 7 年位居全球第一，搭载组合辅助驾驶系统的乘用车新车市场占比达到 20%。以量产销售为目标的智能电动车平台在中国研发比在瑞典研发更有效率。

值得一提的是，基于 PMA2 平台的首款车型是奔驰旗下的纯电动 smart 车型。2020 年 1 月，奔驰宣布与吉利成立合资公司，总部位于杭州，生产工厂设在西安，年产能约 15 万辆，面向中国和海外市场，双方持股比例为 50∶50，等额投资 27 亿元人民币，共同打造 smart 品牌的高端智能电动化汽车。奔驰主要负责整体设计，吉利主要负责工程研发和制造，供应链方面的工作则由双方共同承担。

以沃尔沃技术为主导，通过 CEVT 打造的正向开发的 CMA 平台是最为重要的技术成果。在 CMA 平台的基础上，双方通过在中国设立技术合资企业，衍生出为吉利多个汽车品牌服务的 AMA 平台、BMA 平台和 DMA 平台。双方也在中国合作打造了纯电动汽车平台 PMA，并由此升级到智能版的浩瀚 SEA 平台。

了解吉利汽车的平台战略便是了解其动态竞争力中隐秘而又核心的部分。吉利汽车在借鉴国外畅销车型的基础上，通过逆向工程，采用准开放架构的方式，取得了成本优势，并通过低价策略，切入汽车市场。这种方式也被包括比亚迪、奇瑞、长城等在内的本土汽车厂商广泛采用。但是与其他本土品牌最大的差异在于，吉利很早就布局基于正向开发的模块化平台战略。

吉利的平台进化是一个漫长而复杂的历程。下面总结一下吉利已经经历的四个阶段。

第一阶段，基于逆向工程的准开放式产品架构。不同车型对标不同的海外畅销车。在这个阶段的末期，吉利前瞻性地看到这个技术模式和商业模式的弊端：到一定规模之后，依靠模仿创新的成本反倒会高过主流汽车公司所采用的平台战略。此外，这种逆向工程模式，对汽车品牌的体系化建设是不利的。因为受制于对不同车型的模仿，同一品牌下的车在造型上没法像主流车企那样体现出和谐的家族系列车的风格。由此转向第二阶段。

第二阶段，吉利启动了自主创新式的正向开发。但是在进行巨大研发投入的同时，吉利必须面对年年出新车和确保销量的压力。吉利采取两条腿走路的方式，在保持自主创新的同时，基于逆向工程持续推出新品，为吉利的发展提供稳定的现金流。这一阶段吉利的研发体系在赵福全的领导下得到了系统性的梳理，汽车安全体系也得以建立与完善。

第三阶段，吉利将先前基于准开放产品架构的产品厘清为三大核心平台（FE、KC、NL）。尽管这些并不是真正意义上的平台，更多的是一个代号，无法实现模块化功能。但是，CMA 平台的推出标志着吉利依托沃尔沃首次实现了基于正向开发的模块化平台的建立。从这个角度看，通过跨境并购实现平台战略相较于自身摸索是一条"捷径"。技术创新是一个体系，包括了技术管理体系、新品研发体系、人才体系，包含了大量的经验积累与无形的知识，无法靠一两个英雄式的人物实现。在 2013 年，吉利通过位于瑞典的

CEVT 来打造全新汽车平台的技术创新体系，还是要比在中国宁波的杭州湾新区打造技术创新体系更为成熟。

吉利走向第四阶段的平台化的诱因主要是，沃尔沃对共享知识产权以及沃尔沃和吉利其他品牌共享同一 CMA 平台的顾虑。吉利为了更自由地推出新品，通过在中国设立与沃尔沃合资的研发企业，联动吉利总部研究院，进一步将新平台落地中国。吉利通过加强自主的研发能力和平台打造能力，在 CMA 平台的基础上演化出了 AMA 平台、BMA 平台，变成三个平台，并根据沃尔沃提供的技术支持在中国的研发中心打造 PMA 平台，又将其升级为 SEA 浩瀚架构平台，进一步加强了自主正向开发的力度。

我们就吉利未来的平台战略走向做个趋势性判断。如果沃尔沃与吉利的业务得以进一步整合，我们可以期待三个老平台 FE、KC、NL 的逐步淡出，而代之以三个核心平台，即 CMA、PMA 和沃尔沃的 SPA。如果吉利与沃尔沃的战略协同持续深入，平台战略将进一步优化，吉利汽车多个品牌的产品性能必将得到进一步的提升。

事实上，根据吉利和沃尔沃最近两年的动态，已经可以看到这种趋势。2021 年 2 月，吉利控股集团和沃尔沃联合宣布：双方在保持现有独立公司架构的同时，未来将在动力总成、三电技术、高度自动驾驶等业务领域进行合并及协作。双方将以股权合并的形式将动力总成业务合并成立新公司，重点开发新一代双电机混合动力系统和高效内燃发动机。新合并的公司不仅会向吉利和沃尔沃供货，还将面向其他汽车公司提供产品和服务。

基于 CMA 平台的车型销量也进一步说明了平台战略在商业化中的作用。2020 年，CMA 平台覆盖了沃尔沃、领克、吉利和极星四个品牌旗下近 20 款车型，上述车型的销量已达 60 万辆，占吉利总销量（132 万辆）的 45%。未来，在电动车领域，PMA 平台也将同样发挥模块化平台架构的威力，助力吉利多个品牌快速推出新产品。

值得关注的是，在与戴姆勒合资的框架下，PMA2 平台将被电动版 smart 汽车采用。这一事件背后，隐藏着一个更为重要的信息：相比其他中国车企仍然严重依赖准开放架构的情况，吉利在平台能力上已处于领先地位。未来几年，我们还将进一步考察沃尔沃与吉利在 PMA 平台上的合作机制，以此判断吉利在纯电动汽车领域的竞争力。在品牌与平台的关系上，吉利如何定位电动车品牌"几何"，也值得我们进一步观察。2019 年 4 月，"几何"在 GE 平台上推出，但是该平台并没有在企业网站上披露更多信息。根据我们所了解到的信息，GE 平台是基于 FE 平台的电气化改造，不是一个纯电动车平台。从未来平台战略优化的角度，我们认为几何应该采用 PMA 平台，逐步放弃 GE 平台，这样才能让几何的性能有更好地提升，并分摊 PMA 平台的研发成本。

本课小结 ✏

产品架构、平台架构，不是工程师的问题，而是公司战略的重要组成部分，是决定企业竞争优势（成本、产品性能、品种多样化）的重要构成。初创企业的逆向工程中，也需要做更深入的创新。随着企业发展到一定的阶段，系统化的平台战略成为新的选择。然而，如何管理过渡期（既有逆向工程的产品，又要做正向开发；既要每年快速推出新品，又要构建更为扎实的研发体系），是中国企业升级转型过程中最大的挑战。吉利的每次平台升级，都会在公司战略、研发体系，以及商业化压力等方面进行多重权衡，实属不易。

理论探讨：
平台战略与新竞争优势

平台战略已经成为企业打造新竞争优势的重要手段。我们聚焦全球汽车产业，分析平台战略的重要性。产品架构与平台不是简单的设计问题，而是企业重要战略的一部分，会对公司的战略落地产生五大方面的影响，包括：产品创新变革；产品多样性程度；零部件的标准化程度；产品性能；产品开发管理及效率（Ulrich，1995）。平台战略实施的重要路径是模块的标准化，通过多个产品的模块共享，实现采购量的扩大，降低采购成本，并缩短新产品开发的时间，最终有效控制成本（Muffatto，1999；Suk et al.，2007）。

日本东京大学的藤本隆宏教授从全球汽车产业发展史的角度分析了汽车产品架构的演变，发现其主要经历了三大阶段和两次重大的产品架构变化（Fujimoto，2007）。

汽车诞生于19世纪末，经历了从马车逐步变成汽车的过程。这个过程从产品架构的角度看，属于开放模块化（Open Modular）架构，即用于制造汽车的零部件基本都可以从市场上买到，然后拼装成一辆汽车。

从20世纪30年代开始，汽车产业逐步走向封闭一体化（Close Integral）的产品架构。当时，实现汽车大规模量化生产是高速成长的汽车公司的目标。由于在市场上采购不到公司想要的零部件，公司普遍采取了两大战略：一是将整车与大部分零部件的设计在公司内部集中完成，二是将相关零部件自行加工生产。这种生产方式被称为上下游一体化，或者叫纵向一体化，而产品的设计架构称为封闭一体化的产品架构（Langlois，2002）。从20世纪90年代开始，全球汽车产业的产品架构进入了第三阶段，即封闭模块化（Close Modular）平台战略。随着汽车企业之间的竞争进一步加剧，如何平衡规模化生产和多品种的车型需求，是当时的主要挑战。在此大背景下，几大汽车集团开始逐步推出模块化平台战略，以降低研发成本和零部件成本，缩短开发周期，并在集团内实现不同汽车品牌的平台和零部件共享。

在汽车行业中，平台指的是底盘和下车体的一组模块化架构，能够承载不同车型的开发及生产制造，可以生产出外形和功能都不尽相同的产品。简而言之，模块化架构主要包括发动机、底盘、悬架、制动系统、传动系统和电气系统等。

汽车界的平台，经历了从无到有，又从过多转向精简的动态发展过程。2010年全球车企的平台数达到高峰，当时约有175个平台。之后，各大汽车集团公司削减平台数量，扩大单个平台的车型覆盖率，进一步提高平台的规模效益。九大跨国车企（通用、大众、福特、丰田、雷诺 – 日产、标致 – 雪铁龙、本田、菲亚特和戴姆勒）逐步用十年左右时间打造了几大关键核心平台，使平台数量在2020年前后削减至原先的1/3。

这个阶段的平台为何称为封闭模块化平台呢？因为上述模块化和平台化停留在各个汽车集团层面，并未成为行业的标准平台，这与PC行业、软件行业、网页设计行业等行业的主流架构，即开放模块化产品架构有很大的差别。上述行业，通过行业化的标准协议，简化组件和软件，实现不同公司间产品的即插即用，哪怕公司间属于竞争关系。例如，无论使用苹果电脑还是其他电脑，无论使用哪个操作系统，都可以驱动几乎所有品牌的打印机。

面向未来，智能网联以及电动（即泛指的清洁能源）汽车正成为趋势。由此，我们判断平台战略也会进一步加强与升级。两个关键因素推动了电动汽车专用平台的建立。其一是核心模块的布局，包括底盘、电动机与电池组的位置，这与内燃机汽车有很大的差别。其二是高成本的电池，以及未来可能使充电、换电模式逐步升级到产业级别的标准化。哪怕是电动车局部的产业级开放模块化，例如充电桩、换电模式等，都可以进一步降低电动汽车的成本，扩大电动车销量，提升市场渗透率，让更多的消费者选择购买智能网联电动车。目前，不少汽车集团正在积极推进智能网联电动车的平台建设（见表5-2）。

表 5-2　全球汽车集团的电动车模块化平台

汽车集团	平台名称	投入资金（预计）	生产地点	车型
大众	MEB	到 2023 年超过 300 亿欧元	德国茨维考（2019 年）、中国上海（2020 年）、美国田纳西州查塔努加（2022 年）	大众汽车 ID3 和 ID4、Seat El Born、奥迪 Q4 e-tron、斯柯达 Enyaq
通用汽车	Global EV Platform	到 2025 年达到 200 亿美元	美国密歇根州底特律-汉特麦克（2021 年），中国多个地点	凯迪拉克 Lyriq、GMC 悍马
丰田	e-TNGA	到 2030 年达到 130 亿美元	中国天津	丰田 C-HR、雷克萨斯 UX300e
雷诺日产	CMF-EV	到 2022 年超过 100 亿美元	法国弗兰、美国田纳西州士麦那、英国桑德兰、日本大滨	雷诺 Morphoz 概念车、日产爱丽舍概念车
现代-起亚	E-GMP Global EV Platform	到 2025 年达到 870 亿美元	多个，未披露	现代 45 和预言家、起亚 Imagine
总投入	—	到 2030 年达到 1600 亿美元	—	—

资料来源：根据汽车厂商的公司公告，并由作者整理。

第6课

商业模式：
从卖车到移动出行

本课专注探讨商业模式的创新（见图6-1）。以吉利为案例，我们将聚焦吉利如何实现从卖车扩展到移动服务的创新商业模式，并在呈现中国快速成长的网约车市场的基础上，聚焦分析吉利如何通过曹操出行和耀出行等覆盖到采用移动出行的不同人群。

更值得关注的是，吉利发射了低轨卫星，这让吉利的移动生态站上了最高点。吉利为什么要有卫星、智能手机、芯片？吉利移动出行的大生态布局如何让吉利跳出汽车本身，走进充满想象的未来空间？此外，吉利还通过投资与战略合作，参与颠覆式的出行方式，包括飞行汽车（在部分应用场景，吉利也称无人机），这些投资展示了吉利作为中国出行领导者的魅力。

基于吉利在移动出行板块的创新案例，我们导入商业模式创新（BMI）

的四个层次，并探讨吉利未来几年打造 MaaS（出行即服务）大业务集群的商业逻辑。

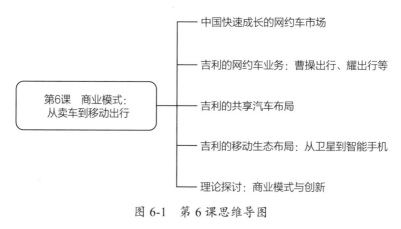

图 6-1　第 6 课思维导图

中国快速成长的网约车市场

中国是全球最大的网约车市场，弗若斯特沙利文的研究显示，中国网约车市场交易额将于 2025 年增长至 3930 亿元，复合年均增长率为 11.1%。（数据来源：嘀嗒出行香港 IPO 说明书。）

据全国网约车监管信息交互平台统计，截至 2023 年 2 月，全国共有 303 家网约车平台公司取得网约车平台经营许可；各地共发放网约车驾驶员证 517.7 万本；车辆运输证 219.1 万本；全国网约车监管信息交互平台 2 月份共收到订单信息 6.52 亿单，环比上升 13.3%。在网约车市场快速增长的同时，网约车也成为车企竞争的重要战场。

吉利的网约车业务：
曹操出行、耀出行等

吉利从汽车销售（尤其是新能源汽车）以及整个出行生态的价值角度

出发，选择入局移动出行。目前，吉利在出行板块上已经拥有曹操出行和耀出行两个品牌，此外还新增了礼帽出行和幸福千万家两个新品牌，分别对应不同的场景和人群，其中，曹操出行主打全场景，耀出行强调高端品质出行，礼帽出行基于伦敦出租车打造定制出行，幸福千万家则是聚合模式。

曹操出行

2015年5月，一个名为"曹操"的叫车业务出现在吉利集团，后扩展到移动服务领域。该公司最初叫"曹操专车"，注册资本为12亿元。曹操专车在2018年1月完成10亿元A轮融资，投资方为三川投资、浙商创投、天堂硅谷、隆启投资等机构。2019年2月，公司更名为"曹操出行"。

到成立六周年的时候，曹操出行已成为B2C网约车领域的排头兵（见图6-2）。整合运营是吉利的特色。我们至少观察到三个方面的整合：汽车的使用、司机的雇用（不同于Uber或Lyft）以及内部软件和应用的开发。此外，曹操出行的商业模式是通过大量的投资，保证产品和服务质量的一致性，从而提高客户满意度，这是一个本质的差异化点（来自对吉利科技集团有限公司总裁刘金良的采访，2019年7月11日）。

在早期阶段，吉利的电动汽车帝豪是第一款也是主要的一款作为车队使用的车型。在推出电动汽车的早期，由于终端消费者对电动车的认知程度不高，购买顾虑较大，生产出来的不少电动车都卖给了自己创立的出行公司，这在业界被称为国内由主机厂牵头发起的出行服务平台的1.0版本，并非吉利独家的操作方式。

但是，巨大的差别在于，那些不专注出行服务的整车厂的出行公司很快就在1.0阶段倒闭，而曹操出行则成为国内主机厂运营最佳的移动出行平台，真正地做出行服务，快速跨过了不少其他车企没有过去的坎。

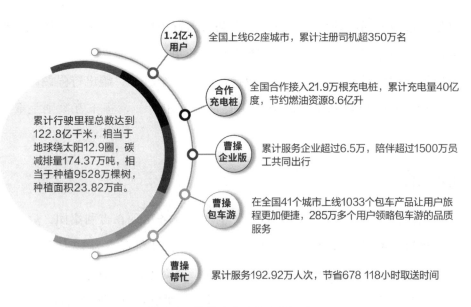

图 6-2　曹操出行 2021 年概况

资料来源：吉利公开资料。

2022 年 1 月，曹操出行宣布品牌升级。品牌升级之后，曹操出行以"科技重塑绿色共享出行"为使命，以"绿色出行，共同美好"为理念，持续探索出行领域的智能化、低碳化发展。曹操出行也明确了碳中和目标，表示将在 2023 年实现运营碳中和，2035 年实现全部出行订单的净零排放。到 2022 年，曹操出行已经在中国 62 座城市开通，拥有超过 350 万名注册司机。

值得关注的是，从 2015 年的曹操专车变更成 2019 年的曹操出行，看似是一个细小的名字变更，背后却是根本性的竞争策略变更。曹操专车属于 B2C 模式，用的都是吉利自己的新能源汽车，在当时竞争激烈的网约车市场开辟出一块属于新能源汽车的领地，对比滴滴出行，算是一大特色。尤其是在标准化、安全性和监管力度三个维度，曹操专车的客户体验要好很多。曹操专车当时的直接竞争对手是首汽约车和神州专车。当然，该模式的缺点是重资产。B2C 模式中，网约车需负担四大成本：车辆购置、日常运营（保险、油电费、维修保养）、司机薪资和广告宣传。

到了曹操出行阶段，吉利进入了 C2C，即滴滴模式。为了实现规模扩张，吉利引入出租车、顺风车业务，并开始吸纳私家车加盟，提升平台运力，推动平台轻量化升级。该模式的优点在于轻资产。上面提到的四大成本中的前三类成本绝大部分不需要平台公司承担。

曹操专车的名字之变，也是商业模式之变，意味着吉利从利润率更高但市场容量较小的专车领域，跨入了中低端的出行领域，与滴滴、美团等头部公司开展直接竞争。至此，吉利的出行业务从质的竞争，迈向了量的竞争。将两种商业模式（B2C 和 C2C）融合到一个品牌之下，看似将市场规模做大了，但是曾经差异化的市场定位会有被模糊的可能性。我们分析，这或许与拥有互联网思维的资本方有关，曹操出行用户数量的高速增长是投资方的重要诉求。

耀出行

随着吉利 2018 年 2 月参股戴姆勒，耀出行作为双方合作项目之一落地。戴姆勒移动服务和吉利技术集团在 2018 年 10 月签署合作备忘录，计划在中国部分城市提供高端移动服务。其合资企业蔚星科技有限公司于 2019 年 5 月成立，注册资本 17 亿元人民币，双方各持股 50%。外方是 Daimler Mobility Services GmbH，属于戴姆勒旗下戴姆勒金融服务公司的子公司，涉足多项移动服务，包括汽车共享的市场领导者 car2go 和 "我的出租车"（mytaxi）等。蔚星科技有限公司的董事会成员包括吉利科技集团总裁刘金良先生和戴姆勒出行股份公司董事会成员卓蓝特先生（Joerg Lamparter），其中，刘金良担任法定代表人。

2019 年 12 月，"耀出行" 高端网约车服务在拥有 1000 多万人口的杭州正式上线，服务团队最初由100辆车组成，包括梅赛德斯-奔驰S级、E级和V级车型。根据规划，吉利的其他高端汽车品牌也将进一步被纳入服务团队，沃尔沃、北极星、莲花等可能成为首选。一年之后，耀出行快速拓展到其他五个城市，包括广州、成都、西安、北京、上海，服务范围涵盖了商旅接送机、会务用车、商务用车、家庭包车、儿童用车等高品质出行服务场景。

通过两年的发展，耀出行已累计服务近100万名客户，包括近4000家企业客户。凭借卓越的管家式服务，耀出行成为众多一线奢侈品牌的独家出行合作伙伴，并受到金融服务机构、航空公司、五星级酒店、跨国咨询公司、大型知名企业以及财智精英商旅人士的青睐，赢得了"陆地头等舱""移动的五星级酒店""出行服务界的天花板"等美誉。

到了2021年12月，耀出行与国内体量最大的包机服务商——上海驿悦航空服务有限公司（以下简称"驿悦航空"）签署战略合作协议，共建高端出行服务与公务机服务的地空互联生态，共同为中国的高净值人群服务。根据招商银行联合贝恩公司发布的《2021中国私人财富报告》显示，2020年中国高净值人群（可投资资产超过1000万元的个人）数量在年底达到296万。

这个战略合作可以为两家公司部分重合的客户群提供完整的"门到门"（车门到舱门）出行服务体验，实现"陆地头等舱"与"空中头等舱"的无缝衔接。根据规划，用户通过"耀出行"App即可一键定制驿悦航空的随心自由飞，耀出行则负责用豪华汽车在地面接送。未来的服务场景包括商务出行、休闲度假、婚礼包机、医疗转运等。双方还计划在服务产品设计、品牌传播、客户服务等方面展开深度合作。

我们认为，耀出行是让吉利品牌在服务领域及移动出行领域真正实现品牌高端化的重要战略布局，也弥补了从曹操专车变成曹操出行之后驶入红海的潜在战略风险，避开以平价快车为主的滴滴等平台的锋芒，实现品牌向上。耀出行有望成为中国高端出行市场的第一名。

当然，从制造型企业延展到服务型企业，吉利在公司组织与文化上还面临不少挑战。当我们访谈刘金良的时候，他也表示，制造业板块与出行板块的文化是有差别的，且至少存在两个差别：一个是制造业中的工程师文化与出行行业的服务文化的差别，另一个是工业工程师和IT工程师的文化差别。出行公司的核心竞争力之一是平台系统、路径规划的优化，以及客户交互界面的友好。同样都是工程师，工业工程师和IT工程师之间的文化差别巨大。具体而言，软件工程师可以因为原先开发的软件由于业务规划变更被暂时搁置而辞职不干，这对于汽车工程师来说是不可想象的。（对刘金良的采访，2019年7月11日。）

除此之外，吉利近年来又新增两个公司提供网约车及出租车服务，分别是礼帽出行和幸福千万家。

礼帽出行

2021年1月，浙江礼帽出行科技有限公司（简称"礼帽出行"）成立，由浙江英伦汽车有限公司（简称"英伦汽车"）100%控股，后者是由吉利集团于2013年收购的英国伦敦出租车公司改建的。在一年时间内，礼帽出行分别在大连、义乌、宜宾、昆明等地成立九家子公司或分公司。礼帽出行及其子公司或分公司已取得网约车平台运营资质，经营范围涉及网络预约出租汽车经营服务。

事实上，英伦汽车即将实现经典英伦出租车型TX5的国产化，这是第一款增程混合动力多用途乘用车。面对销售压力，礼帽出行也为了配套该车的销售进行了业务上的延展。单纯从网约车平台发展协同的角度看，该车实际上可以被纳入曹操出行的领域，但是这款车被纳入耀出行的概率很小，因为其一成不变的出租车造型与奔驰车等豪华车作为商务用车相比是存在较大品牌落差的。为了一款英伦出租车单独搞个出行平台以及相关的网约车App，实际上是分流了客群，降低了消费者的体验。这个品牌及其公司未来的发展趋势，值得关注。

幸福千万家

2021年12月，吉利控股集团成立了重庆幸福千万家科技有限公司，该公司也是网约车平台，专做网约车聚合。2022年1月，重庆幸福千万家科技有限公司宣布与海通恒信达成战略合作，并获得后者提供的50亿元金融业务战略投资。

根据企业性质，该企业与曹操出行相似，却为何另起炉灶？根据吉利官方的说法，是为了加强合规服务。当时的行业背景是，美团快车、T3出行等国内出行平台自2021年7月之后纷纷加速扩张，出行行业乱象纷呈。交通运输部、国家市场监督管理总局等多部门就促进出行行业健康化发展、提高网约车合规率等提出过多项具体要求。作为竞争策略，吉利希望与美团、百度等较为松散的聚合网约车平台模式展开差异化竞争，提升网约车运营合规程度，使其更加符合行业要求同时改善用户体验，提升用户满意度，并减少有损吉利品牌的负面事件。

在业务模式上，"幸福千万家"采用自营模式，大部分司机和车辆均为平台方所有。此外，"幸福千万家"的第三方运力则要求对方自己拥有司机和车辆，但对合规方面会有更多考量。

吉利的共享汽车布局

在移动出行的大板块中，除了网约车，共享汽车曾经也是一个热门赛道。吉利在这个赛道有更早的布局，但目前的规模要比曹操出行等网约车平台规模小很多。这不是仅出现在吉利身上的个别现象，从全球市场尤其是中国市场看，共享汽车尚未被市场大规模接受。

市场上主要有两种类型的汽车共享业务：定点式汽车共享（Point-to-Point Car-Sharing）和流动式汽车共享（Free-Floating Car-Sharing）。两种业务有时也都被称为分时租赁。定点式汽车共享业务是赫兹租车（Hertz）和欧洲租车公司（Europe car）等西方传统大型汽车租赁公司的主要业务模式，用户可以预订一辆车，在公司指定的停车位取车，按小时、日、月甚至年付费，用户使用完毕后，需开车返回租赁公司指定的停车位。流动式汽车共享业务的典型代表是戴姆勒的 Car2Go 和美国的网上租车公司 Zipcar。这个商业模式为消费者提供了更高的灵活性，因为用户可以通过智能手机找到离自己最近的汽车，并预订和解锁汽车。使用后，用户可以自由地将汽车停放在界定更加宽泛的区域内，并不需要像传统租车那样，将车开回指定的停车点，付款也可以通过手机应用程序完成。

2013年可能是国内汽车分时租赁的肇始之年。因为"共享出行"一词的火爆，很多人又借此风口，将汽车分时租赁冠以"共享汽车"之称。

该年3月，吉利控股集团与康迪科技（纳斯达克代码：KNDI）签署合资协议，成立浙江康迪电动汽车有限公司，双方各占50%股份。不过，当时双方对于采用哪种租赁模式并没有非常清晰的思路。康迪科技的胡晓明只是表示，未来想尝试"开到哪里，丢到哪里"的租赁模式，借助小型电动汽车进行产业化。

同年7月，双方还成立了一家子公司——浙江左中右电动汽车服务有限公司，主要负责"微公交"系统的汽车租赁业务。10月，"微公交"系统在杭州率先启用，用户凭有效身份证和驾驶证就可以租用，每车每小时收取20元，超出25千米的部分以每千米0.8元额外计费。经测算，此收费标准相当于当时杭州出租车收费的三分之一。

由吉利投资的宁波小灵狗出行科技有限公司（简称"小灵狗出行"）成立于2017年，是由2015年成立的汽车租赁公司"宁波轩悦行"与2013年成立的汽车云商"我的车城"合并重组而来。

小灵狗出行的商业模式是定点式汽车共享，国内称作汽车直租出行平台，即通过运营（新能源）车辆为用户提供日、周、月、季、年等不同时长的分时租赁产品。对于有购车需求的用户，可通过"以租代购"的直租模式（租赁期结束后将所有权转移给承租人）为用户提供多样化的新能源汽车租赁解决方案。

吉利的移动生态布局：
从卫星到智能手机

在移动出行上，除了网约车和共享汽车之外，吉利还在更大的移动出行领域超前布局，包括智能手机、低轨道卫星等，力图打造一个全新的移动出行生态。

亿咖通：SPAC上市吃螃蟹

在未来移动出行生态之路上，吉利是开放的。李书福布局汽车智能网联生态圈的第一个公司化运作项目是成立于2016年的亿咖通科技。李书福为亿咖通科技的最大投资人，持股比例70%。另外，沈子瑜持股30%，并担任公司CEO。2018年3月15日，亿咖通科技为吉利汽车深度定制、研发的车联网系统"GKUI"（吉客智能生态系统）正式上车。一年之后，亿咖通科技发布全新吉客智能生态系统"GKUI 19"。到2020年7月底，GKUI用户数突破200万。

2022年5月26日,吉利控股集团战略投资的亿咖通科技对外宣布,已与美国SPAC公司Cova Acquisition Corp签署合并协议,随后将在美国纳斯达克上市,股票代码为"ECX"。

亿咖通科技的发展符合李书福的风格:面向未来,培养产业,资本营运。当然,从亿咖通科技自身价值成长的角度看,围绕吉利集团(包括沃尔沃在内)的服务,不应该是业务发展的天花板。一旦上市成功,亿咖通科技拓展吉利体系之外的业务,避免大客户关联以及单一客户依赖,将变得尤为重要。

智能手机

智能手机是吉利生态系统的重要组成部分。2023年3月30日,魅族和领克合作举办了一场"无界"生态发布会,魅族发布了"MEIZU20"系列手机,领克旗下新能源车型领克08所搭载的LYNK Flyme Auto系统也得以亮相。此前,2021年9月,吉利旗下的湖北星纪时代科技有限公司与武汉经济技术开发区签署战略合作协议,宣布进军智能手机领域,项目总投资逾百亿元。

对于为什么要布局智能手机市场,李书福表示:"未来,跨界打造用户生态链、依法构建企业护城河已成大趋势,手机可以连接车联网、卫星互联网,打造丰富的消费场景,做强生态圈,为用户提供更便捷、更智能化、万物互联的多屏互动生活体验。"将智能手机作为吉利生态系统的一部分,并进行投资,是符合逻辑的。

当然,这样"不务正业"的汽车企业现在已经不止吉利一家。蔚来汽车的手机已经在2023年9月发布,而特斯拉很早以前就说要做手机了。雄心勃勃的手机厂商更多:小米、苹果、索尼官宣造车;OPPO、vivo、中兴则通过入股汽车产业链、与车企合作、成立汽车电子产品线等方式曲线入围。

汽车和手机两个行业相互渗透。在万物互联的时代，打通智能网联汽车和智能手机的联系，提升用户体验，从逻辑上是讲得通的。但是，车企是否一定要自己做手机，则涉及经济学中的核心问题之一：企业的（业务）边界在哪里？正如博世等世界零部件巨头，从财力的角度看也完全可以造车，但是是否要突破自己零部件供应商的边界？正如2021年营收达到1239亿美元、净利润为346亿美元的苹果公司，为何这么多年也没有推出更多智能硬件产品？

从品牌战略的角度分析，吉利的手机如何与吉利多品牌汽车互动，是个复杂的问题。由于吉利集团拥有多个汽车品牌，在未来，吉利的手机品牌如何做到对吉利多个汽车品牌用户的全覆盖（从十万元左右到超过百万元的车价）？吉利推出的手机将采用哪个品牌？是卖给吉利的汽车品牌用户，还是作为汽车附属的智能硬件"赠送给消费者"？抑或向整个市场做独立销售？

因此，吉利集团对多元化战略的运用在其他业务板块也有体现。至于未来的多元化战略的成绩如何，值得持续观察与分析。

低轨道卫星

低轨卫星项目是吉利新的移动战略的一部分。浙江时空道宇科技有限公司成立于2018年11月，注册总资本5亿元。2020年3月20日，该公司宣布投资22.7亿元，在台州建立一个低轨道卫星制造厂。根据该计划，吉利的目标是到2025年左右每年生产500颗卫星。

2021年12月15日，在酒泉卫星发射中心用快舟一号甲运载火箭发射GeeSAT商业双星时出现意外，火箭飞行异常，发射任务失利。GeeSAT卫星是吉利集团旗下时空道宇科技有限公司研发的小立方体卫星，重量约10千克，双翼拥有6块太阳电池帆板，搭载了多光谱相机和GNSS掩星探测载荷。

2022年6月2日，吉利星座01组9颗卫星成功发射，标志着吉利的低轨道卫星项目已经进入正题。对此，媒体评论：这是李书福挑战马斯克的姿态。

吉利希望未来的低轨卫星网络为拥有自动驾驶技术的汽车提供高速互联网连接、精确导航和云计算能力。这一技术将赋能吉利的汽车用户和移动解决方案，包括网约车的车队管理优化、汽车共享管理和未来的自动驾驶方面。

当然，为了更广泛的商业化，该公司计划通过整合卫星人工智能数据和工业互联网数据，创建一个名为OmniCloud的平台，其他汽车公司和工业公司可以成为此平台的客户。据吉利集团介绍，该平台可以支持制造设备的远程监控、控制和维护，以及无人机飞行巡航和城市管理。

换电出行

电动汽车的电池是否节约能源，是否真的低碳？这是经常被诟病的问题。因此，"换电出行"这种既可以在深夜充电，又可以利用风电等新能源充电的模式被认为是一种更低碳的赛道。

根据对吉利的公司文化和多元化战略的理解，我们认为吉利不会把全部筹码放在一个赛道。因此，换电就成为一个新的方向。2022年1月24日，吉利汽车与力帆科技分别发布公告，吉利汽车与力帆科技的换电出行合资公司"重庆睿蓝汽车科技有限公司"已完成工商注册登记手续，正式落户重庆市两江新区。虽然睿蓝汽车还不在吉利汽车的产品目录中，但这是吉利移动出行填补换电空档的一个合理逻辑。

2022年6月，吉利与力帆科技共同打造的全新品牌，即睿蓝汽车首批面向C端用户的换电车型之一——睿蓝9，正式发布。根据睿蓝汽车的布局，此后三年至少要推出6款换电汽车，包括私家车、出租车、物流车等。

假如吉利在未来的电动车竞争中胜出，睿蓝汽车或许会是一匹黑马。当然，该车型是基于枫叶汽车的技术平台打造的。如何进一步升级产品，共享更具技术先进性的平台，以提升睿蓝汽车的品质，值得关注。

移动服务与中国高铁的连接

2021年，国家铁路旅客发送量达到25.3亿人。高铁作为中国老百姓出行必不可少的交通工具也进入了吉利的视线，吉利将移动解决方案进一步扩展到中国的高铁乘客。2018年7月，吉利、腾讯和中国铁路总公司成立三方合资公司，总投资43亿元，三方分别持有39%、10%和51%的股份。这家合资企业即国铁吉讯科技有限公司。该公司对增强Wi-Fi热点进行投资，并进一步整合腾讯和吉利的服务，后续也将通过高铁网络打造增值服务平台。

飞行汽车——从美国收购Terrafugia

低空出行交通工具是吉利投资的另一个创新性的出行解决方案。2006年，5名麻省理工学院的毕业生创立了美国太力飞车（Terrafugia Inc.），并于2017年11月被吉利全面收购（未披露价格）。

2018年9月，吉利在湖北武汉注册成立了"湖北吉利太力飞车有限公司"（简称"湖北太力"），旨在面向全球市场生产未来的商用飞行汽车。湖北太力启动研发以垂直起降、电动无人驾驶为技术路线的eVTOL产品TF-2A，并于2019年12月完成了地面相关测试和首飞。该型号飞车主要由复合材料制造，缩比验证机的翼展4.5米，最大起飞重量为60千克，航程约100千米。与此同时，美国太力研发的TF-1飞行汽车完成了首飞及各项测试，于2021年1月获得了FAA（美国联邦航空管理局）的适航认证。此外，2020年，湖北太力与无人机制造商傲势科技（AOSSCI）合并，成立了沃飞长空科技（成都）有限公司（AEROFUGIA），从事多款无人机及飞行汽车产品的研制和商业化推广。

在吉利控股集团的业务架构中，低空出行业务属于吉利科技集团，是吉利集团大出行服务战略体系的重要组成部分。

飞行汽车——与戴姆勒共同投资德国 Volocopter

与需要水平滑行起飞的太力飞车 TF-1 型号相比，以纯电动和垂直起降（eVTOL）技术为主线的先进空中出行（AAM）飞行器对吉利而言，具有不同应用场景的市场吸引力。2019 年 9 月，吉利与戴姆勒在 C 轮融资中联合投资了德国初创企业 Volocopter，总投资 5000 万欧元，吉利获得了该公司 7.6% 的股份和董监事会席位。与此同时，吉利和 Volocopter 于 2021 年 9 月在中国成立一家合资企业，目标是未来几年在中国生产和运营 Volocopter 产品。

本课小结

吉利有雄心在未来几年打造 MaaS（出行即服务）的大业务集群。面对汽车市场从传统燃油车向智能电动车的转变，吉利的移动布局扩展到智能手机和低轨道卫星，体现出吉利面向未来的高度自信和大格局。我们看到，吉利在移动出行板块的商业模式创新至少有四个层次。这四个层次分别是：

第一层次是从汽车生产向出行即服务的扩展。曹操出行等至少四个网约车品牌成为吉利汽车生态的自然延伸，让吉利汽车形成了从生产到服务的闭环。曹操出行还是吉利汽车的"嗅觉"器官，通过 App 记录消费者的大数据，这些数据包括对温度、汽车环境、音乐、座位舒适度、工作或生活行为等的偏好。曹操出行帮助研发中心根据汽车的实时运行，提供电池充电、各种汽车性能、事故信息等数据，不断改进汽车产品。

第二个层次是商业生态的拓展。吉利正在构建自己的商业闭环。以三方合资的国铁吉讯科技有限公司为例，该合资公司的创新从移动解决方案进一步延伸到旅途中的各种服务，包括提供 Wi-Fi 接入、食物和信息娱乐服务。

第三个层次是智能手机的开发和低轨卫星。未来出行的更高形态是自动驾驶，而实现自动驾驶的精准导航的重要技术路径之一是智能手机、低轨卫星数据传输、高精地图等技术的结合。因此，吉利布局了"天罗地网"。吉利的这一雄心勃勃的计划与埃隆·马斯克的大型卫星网络 Starlink 有着相似的逻辑。唯一的不同在于，吉利还没有宣布做商业火箭业务，而马斯克拥有 Space X 公司。

第四个层次是各种前瞻性的出行解决方案。美国的太力飞行汽车（需要在机场起飞和降落），德国的 Volocopter（垂直起降技术）飞机，以及吉利子公司沃飞长空的无人飞机等技术，相对汽车都是颠覆性的。飞行汽车与传统汽车有一定的替代关系，尤其是在城市地区。吉利董事长李书福在一份声明中表示："吉利正在从一家汽车制造商向移动技术集团转型，投资和潜心开发下一代技术。我们与 Volocopter 的合资企业强调了我们对 Volocopter 空中出租车的信心，这是我们在电气化和新型出行服务领域扩张的下一个战略步骤。"

理论探讨：
商业模式与创新

商业模式的定义

"商业模式"指企业为实现经济价值创造所采用的组织形式、资源配置、价值分配等方面的综合体系（Zott et al., 2011；Magretta, 2002；Osterwalder et al., 2005；Teece, 2010）。商业模式的核心在于企业如何为客户创造价值，并在此过程中获得收益（Chesbrough, 2007；Teece,

2010)。马格雷塔(Magretta,2002)指出,这个概念早在19世纪90年代就已经存在了。莫里斯(Morris et al.,2005)和奥斯特瓦尔德(Osterwalder et al.,2005)将其追溯至20世纪90年代中期所谓的"互联网泡沫"时期。

商业模式创新

商业模式本身需要创新。近年来,随着数字技术的迅速发展,商业模式创新已经成为企业创新的重要方式。商业模式创新(Business Model Innovation,BMI)这个概念由米切尔和科尔斯(Mitchell et al.,2003)普及。"颠覆性技术"(Bower et al.,1995)和"颠覆性创新"(Christensen,1997)是BMI的两个重要概念。

颠覆性技术是一种被主流竞争对手视为无关紧要的新技术,这种技术只能满足利基市场的需求。然而,当利用这种颠覆性技术的产品的销售起飞后,这项技术有可能成为新的主流,而之前的大公司因为无法实现追赶,因此失去了市场领导者的地位。克里斯滕森还将这个概念从技术拓展到一般的创新。他指出:"一般来说,颠覆性创新在技术上是直观的,即由现成的模块组成产品架构通常比以前的方法更简单……他们提供了一套不同的属性,这些属性只有在远离主流且不重要的新兴市场才有价值。"(Christensen,1997)。

提斯解释说:在实践中,成功的商业模式往往在某种程度上被多个竞争者"共享"(Teece,2010)。外部因素(制度环境、市场变化等)和内部因素(内部能力、竞争战略、组织文化、结构)都是创新的力量(Bucherer et al.,2012;Morris et al.,2005)。

技术可以是颠覆性的,一种新的商业模式则可以是对前一种商业模式的渐进式创新,只要它能够"扩大现有的经济蛋糕,商业模式创新者往往并不会发现新的产品或服务,他们只是重新定义了什么是现有的产品或服务,以及它是如何提供给客户的"（Markides，2006）。因此，高价值创造机制是BMI的关键所在。

随着与互联网相关的创业大潮的兴起，以及创业学与战略管理学的不断借鉴与融合，对商业模式的重视和探究也日益拓展了战略管理学领域的研究空间（Teece，2010；Zott et al.，2011），并促进了对相关新兴概念和现象的研究，比如生态系统、平台战略、分享经济等。然而，由于这些概念和现象本身难以精准地界定和捕捉（Massa，et al.，2017），实证研究的工作尚需时日方可提供足够分量的证据。

部分学者进一步对商业模式类别进行了分析研究，例如，Zott 和 Amit（2007）区分了以创意新奇为特色的商业模式（Novelty-centered Business Model）与注重效率提升的商业模式（Efficiency-centered Business Model）。他们发现，对于新创企业而言，创意新奇的商业模式对于企业绩效至关重要，而同时采用新奇和效率的商业模式则不利于提升企业绩效。在后续的研究中，Zott 和 Amit（2008）认为，企业的市场战略和商业模式是两种不同的因素，同时影响了企业的绩效，且它们的共同影响是互补而非替代的。

在企业如何实操商业模式创新层面，奥斯特瓦德与皮尼厄联合撰写的《商业模式新生代》[⊖]属于经典之作。该书提供了一个实用的工具——商业模式画布。作者通过对200多个成功企业的商业模式进行研究，提出了商业模式的九个元素，包括价值主张、客户群体、渠道、收入模式、关键资源、关键活动、合作伙伴、成本结构和客户关系。这些元素构成了商业模式画布，并通过画布的填写来帮助企业创新商业模式。

⊖ 此书中文版已由机械工业出版社出版。

第 7 课

跨境并购:
全球化和逆全球化的时代

通过并购实现跨越式发展,是新兴经济体跨国企业的基本路径,这更是李书福超过其他中国企业家的地方,李书福因此成为中国车企"并购之王"。

在跨境并购板块,李书福天马行空的格局造就了汽车界"平民娶公主的爱情故事"。对于"汽车爱情",李书福如猎鹰一样不浪费每一次机会。2008年全球金融危机爆发,李书福把握时机,于2010年收购了沃尔沃汽车,这标志着吉利以技术、知识、品牌和能力为目标的国际资产寻求战略的成功实施。这一至关重要的收购,无论是在吉利追赶创新的过程中还是在国际化进程中,都是对其持续增长极其重要的一步。

2017年,吉利与马来西亚重工业公司(DRB-HICOM)达成战略合作,将马来西亚曾经的最大国产汽车制造商宝腾汽车和英国标志性豪华跑车品牌路特斯一并纳入旗下。吉利对宝腾的收购是一个典型的海外市场寻求战略，而收购路特斯则主要是寻求战略资产。

2022年，吉利跨境投资频频出手。5月，吉利宣布与雷诺汽车签订协议，以13.76亿元的价格，收购雷诺的股份，今后我们可以关注李书福的这一步棋，如何实现雷诺在韩国生产并进入美洲市场。6月，沃尔沃旗下电动汽车品牌极星汽车以SPAC（特殊目的收购公司）方式在美国纳斯达克上市，成功融资8.9亿美元。9月30日，吉利控股对外宣布，已完成对英国超豪华性能品牌阿斯顿·马丁7.6%的股份收购，成为第四大股东。2023年5月18日，吉利控股宣布，吉利控股已完成对阿斯顿·马丁的股份增持，增持后吉利控股所持股份约为17%，成为阿斯顿·马丁的第三大股东。

在国内并购上，吉利最近十年至少有四次重大并购。2016年，吉利控股斥资4亿元收购东风南充公司100%股权。2020年，吉利汽车分别入股安徽华菱星马和重庆力帆，还有2021年收购山东唐骏欧铃汽车制造有限公司。"买买买"已经成为吉利汽车最重要的公司扩张战略之一。

让我们聚焦跨境并购及其动因的分析。事实上，中国制造型公司的全球化，一般都经历了以下几个阶段：从初级的中国制造走向消化吸收海外技术，从单纯的产品出口迈向海外收购，最终升级成为一家跨国公司。

吉利就是这条路上的先行军，从沃尔沃到极星，李书福的每次收购都是一次历练，李书福将收购—培育—上市融资的模式打造得愈加炉火纯青。本课重点分析吉利的两大跨境并购案例：吉利与沃尔沃以及吉利与宝腾和路特斯的整体并购。与此同时，逆全球化的发展形势已经在全球拉开帷幕，李书福如何应对这一形势也是本课关注的问题（第7课思维导图见图7-1）。

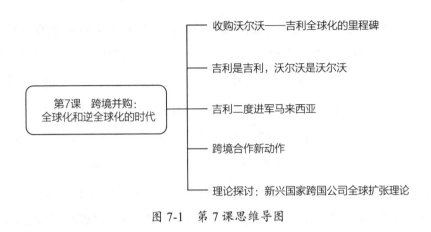

图 7-1　第 7 课思维导图

收购沃尔沃——吉利全球化的里程碑

无知无畏地杀入汽车产业,李书福被称为"汽车疯子",而他的第二次壮举是对沃尔沃这个欧洲品牌"蛇吞象"似的收购。

吉利收购沃尔沃体现了李书福作为中国民营企业家的领袖格局和魄力。李书福充分抓住了 2008 年全球金融危机的机遇,依托中国政府支持企业走出去的政策利好,利用中国巨大的市场优势,通过资本运作,以及东方传统文化优势,在正确的时候做出正确的决定。收购沃尔沃,让吉利在全球市场有了发言权,也让吉利走上了全球收购之路。

机遇:沃尔沃被售

20 世纪 90 年代,日本和德国是全球汽车工业的领头羊,而成立于 1927 年的瑞典沃尔沃集团则在竞争中艰难度日。沃尔沃明白自己规模太小,无法独自生存,必须和其他企业合作。

1990 年,沃尔沃与法国雷诺公司达成了一项复杂的联盟及合作协议,包含交叉持股、联合生产与研发。该合作是在之前 20 年松散合作的基础上建立起来的，但由于文化差异和战略分歧，以及担心失去对企业的控制权，双方最终于1994年结束了战略联盟。1999年，沃尔沃集团决定出售其汽车业务，被美国福特汽车公司以65亿美元收购。可惜沃尔沃汽车被整合进入福特集团的十年内表现不佳、业绩平平。2008年全球金融危机爆发，沃尔沃销售更是大幅下降，严重亏损，而福特当时也是自身难保，汽车业务债务为258亿美元，即使减债成功，仍然有100多亿美元的缺口，于是就有了先把捷豹和路虎两个品牌卖给印度塔塔汽车集团，再把沃尔沃卖给吉利的举措。此举是福特希望迅速回笼资金、减少债务、改善财务状况、重新实现盈利的重大战略决策。

机遇：潜在的双赢

在这一收购案中，当时的吉利与沃尔沃都有各自的优势和劣势。沃尔沃拥有全球声誉和品牌、高技术和创新实力，但是沃尔沃的市场份额有限（产量仅为宝马或奔驰的1/4），车型有限（只有S40、S60和S90三种车型）而且品种单一。吉利的优势在于控制成本和快速适应市场波动，但吉利主要位于低端市场，技术储备不足，质量尚需明显改进，以支撑品牌向上和未来的可持续发展。

毫无疑问，对吉利来说，收购沃尔沃可能有重要收获，包括其资产、品牌、研发与技术储备、管理体系等。收购沃尔沃，让吉利升级品牌、快速进入高端市场成为可能，这远比自己打造高端品牌要快得多。一方面，吉利可以直接获得沃尔沃这一全球知名品牌及其国际经销商网络；另一方面，通过与沃尔沃合作，让吉利干中学，助力吉利开发新车型，升级品牌或者打造新品牌，切入国内和国际中高端汽车市场。

沃尔沃自身也一直在寻求新发展，自1990年以来，至少尝试了一次与雷诺的战略联盟，还被福特收购成为子公司。但是近20年来，沃尔沃并没有产生实质性的变化,全球销量在走向滑坡的道路上不可自拔。在被吉利并购前的几年,沃尔沃的全球销量从2005年的443 947辆下滑到2009年的334 808辆。丧失了销量,沃尔沃引以为豪的安全与环保等方面的技术投入将无以为继。沃尔沃必须改变,以保持其核心竞争优势。最短平快的方法就是降本增效和扩大市场,而这两点恰是吉利可以提供的支持。

挑战:吉利"蛇吞象"的负债率风险

在并购前期,两家公司的差距确实很大,业界不少人并不看好此次并购。吉利当时的资金实力让这次并购显得如"蛇吞象"。从2009年吉利财务年报来看,吉利资产总值为188亿元人民币,税后利润约13亿元,吉利上市公司的市值还不到5亿美元。沃尔沃汽车尽管在2008年受金融危机影响,全球销量降幅达18.3%,净利润为负,但其业务收入依然是当时吉利的4~5倍,估值为40亿美元,是吉利的8倍。如果单纯依靠吉利自身的资金实力,显然不足以支撑其对沃尔沃的并购。

融资:中国地方政府拉了吉利一把

在收购沃尔沃的融资中,中国的地方政府招商引资拉了吉利一把。随着收购沃尔沃进程的推进,国内包括上海、成都、广东、北京、天津、湖南、山东等十多个省市向吉利伸出橄榄枝,期望吉利落地当地。部分城市依凭和吉利或者沃尔沃之间的人脉关系,给予了优惠力度极大的招商政策,可谓是"八仙过海,各显神通"。最终吉利在并购沃尔沃的那一年9月公布了在中国建三座组装厂生产沃尔沃的计划,三家工厂分别位于上海嘉定、四川成都和黑龙江大庆,每座工厂的年产能为10万辆,总产能相当于沃尔沃2009年全球的总销量。在遥远的三个地方同时设立三座工厂,这是一般的外国车企不会采取的布局形式。吉利的这个布局,与并购沃尔沃所需资金密不可分。回顾整个过程，我们可以看到吉利从2009年12月22日到2010年2月24日的地方政府融资合作模式。

第一次政府融资通过注册北京吉利万源国际投资有限公司实现，该公司于2009年12月22日在北京亦庄注册，大庆市国有资产经营有限公司作为股东之一出资30亿元，虽然缓解了燃眉之急，但并没有彻底解决问题。

吉利并购沃尔沃的第二个融资平台是上海嘉尔沃投资有限公司，于2010年2月3日在上海市嘉定区成立，注册资本1亿元，嘉定开发区持股60%，嘉定国资持股40%。2月9日，吉利与嘉尔沃签约，按照协议，吉利收购沃尔沃后将中国总部放在嘉定，并设立沃尔沃国产工厂。上海市仅用两周就履行完所有审批事项。

2010年2月24日，上海吉利兆圆国际投资有限公司在上海嘉定注册成立，吉利万源占股87.65%，嘉尔沃占12.35%，注册资本2000万元人民币。至此，吉利收购沃尔沃的融资结构终于确定下来。上海吉利兆圆国际投资公司的资本金4月底前增至81亿元，三个股东分别是浙江吉利控股集团有限公司、大庆市国有资产经营有限公司、上海嘉尔沃投资有限公司，股权比例分别为51%、37%和12%，出资额分别为41亿元、30亿元和10亿元人民币。此时离并购的最后期限还有26天。

地方政府为了大项目的招商引资用尽了浑身解数。当时成都市政府资金不宽裕，于是在承诺给予吉利最优的服务和最好的环境的基础上，由成都工投集团出面，为沃尔沃担保，由成都当地银团向吉利提供了30亿元低息贷款。在这样的条件下，在成都建设沃尔沃乘用车"一整车、两主机（发动机和变速器）、三中心（沃尔沃（西部）研究中心、沃尔沃中国西部零部件采购中心和沃尔沃西部劳动销售中心）"项目。2010年1月11日，李书福带领高管团队与成都方面秘密签订了正式投资协议。该项目当时规划的投资额达54亿元。

值得注意的是，吉利正式收购沃尔沃的时间是 2010 年 3 月 28 日。由此可见，多个地方政府提供的强有力的政府融资是吉利赢得并购案的重要组成部分。吉利集团在此之前的 8 个国内制造基地也分布在国内多个地方。吉利用汽车项目换取地方政府的资金及综合支持，是吉利滚动发展的重要商业模式。在吉利并购沃尔沃的过程中，上海、成都和大庆贡献了 25% 的资金，中国建设银行贡献了 11% 的资金（Balcet et al.，2012）。

上述地方政府在吉利与沃尔沃的并购中也是受益者。作为大型招商引资项目，沃尔沃项目的落地，通过产业链产生辐射作用，可以升级地方的技术水平，打造汽车产业集群，创造更多就业机会，积极促进地方经济增长，这是一种富有中国特色的公私合作关系。

关键：李书福找到"国际天团"助力

经过漫长而又密集的谈判，吉利在 2010 年以 18 亿美元的价格收购了沃尔沃汽车。对于李书福而言，这属于天时地利人和的交易，商业机会稍纵即逝，但李书福抓住了。

吉利并购沃尔沃，单靠吉利自身是无法推动的，李书福找到了并购服务的"国际天团"。谈判过程始于 2008 年，吉利调动了 200 名律师、顾问、银行和金融专家参与谈判，吉利协同罗斯柴尔德集团、富而德律师事务所、以德勤为主的外部咨询团队，以及高盛的金融财务支持，进行了为期 4 个月的尽职调查。以罗斯柴尔德集团在整个并购案中发挥的作用来看，世界知名公司助力跨境并购的重要性不言而喻。

具体而言，罗斯柴尔德集团，尤其是其大中华区总裁俞丽萍起到了重要的作用。在正式立项之初，罗斯柴尔德集团伦敦总部的同人们普遍持反对意见，在他们看来，这属于典型的"蛇吞象"。2008 年 6 月，在一次罗斯柴尔德全球性合伙人会议上，俞丽萍巧妙地将中国等新兴市场对于罗斯柴尔德的重要意义与吉利并购沃尔沃项目融为一体，阐述了吉利并购沃尔沃的成功案例将起到非常重要的样板效应的观点。由于罗斯柴尔德集团希望在全球汽车业的地位得到进一步的巩固，辅以俞丽萍强大的沟通能力，最终促成了该提议通过内部立项。

2008年11月26日，罗斯柴尔德顾问团队专程开启中国之行，了解吉利集团，直到2010年8月2日，吉利在伦敦举行沃尔沃轿车并购项目的交割仪式，罗斯柴尔德的顾问团队在帮助吉利解决人才储备不够，竞争对手搅局，融资出现困难，知识产权问题，处理多国政府关系，与沃尔沃员工、工会和供应商沟通以及对沃尔沃资产进行精确评估等众多挑战的过程中发挥了至关重要的作用。

例如，李书福在俞丽萍的陪同下会见福特CEO艾伦·穆拉利，正式表达并购意向。罗斯柴尔德帮助吉利于2009年3月拿到了国家发展和改革委员会（简称"发改委"）具有排他性的支持函。2009年4月，在福特首次开放数据库后，罗斯柴尔德组织并购团队阅读了6473份文件，组织了10多次专家会议、2次现场考察、3次管理层陈述，以了解沃尔沃的真实状况，并针对福特起草的2000多页的合同，进行了1.5万处的修改标注，涉及交易定价、会计、税务、知识产权、零部件供应、模具、信息技术、养老金、汽车融资等重要细节的方方面面。

2009年7月，一家美国公司和一家瑞典财团的竞标突然出现，并使报价蹿升至28亿美元。俞丽萍团队通过冷静分析，向福特提出明确要求，绝不能因为出现新买家而拖延递交标书的最后期限，否则退出竞标。福特被说服表示会如期开标，那两家公司因未能按时完成融资只能退出。这一策略帮助吉利扫除了最后两个"半路杀出的程咬金"，缩短了项目的进程。2009年7月，吉利向福特递交的具有法律效力的标书获得通过。

之后，吉利才进入了"深水区"：启动融资计划！罗斯柴尔德并购团队设计了一个两全其美的方案：既让吉利在未来的股权结构中占据有利地位，又不动用香港上市公司的钱，还能保持项目对投资人的吸引力。为了实现巨额融资，罗斯柴尔德并购团队分作两个小组，一组找政府，一组找基金，但两组的融资进展并非一帆风顺。

2009年9月29日，吉利注册北京吉利凯盛国际投资有限公司，这标志着吉利收购沃尔沃的项目启动融资计划。按照设想，吉利凯盛注册资本41亿元，由吉利全额出资，另外还将通过政府融资40亿元。之后，就有了从2009年12月22日到2010年2月24日的政府融资三部曲。

2010年3月27日，临近签约前一天，吉利正式向中国商务部递交《融资结构说明》，履行正式审批手续。3月28日，吉利正式收购沃尔沃，沃尔沃当初报价40亿美元的交易，最终被罗斯柴尔德并购团队疯狂砍价到18亿美元成交。

在正式交割之前，这项并购还通过了40多个国家的反垄断调查，尤其是7月6日和7月15日分别通过欧盟和美国的反垄断调查。7月22日，国家发改委完成审批，7月28日，商务部完成审批。此后，吉利一路坦途，再未遇到阻力。

吉利是吉利，沃尔沃是沃尔沃

在2010年收购沃尔沃的过程中，吉利的主要做法是基于"吉利是吉利，沃尔沃是沃尔沃"的原则给予沃尔沃更大的自主权和独立性。收购之初，李书福对瑞典政府、福特和沃尔沃管理层做过如下承诺：瑞典哥德堡总部不变，欧洲的产能、生产设施不变，在瑞典的研发中心地位和作用不变，与工会、供应商和经销商签订的所有协议不变。此外，他还承诺，沃尔沃的知识产权及生产体系、营销网络、管理团队及品牌运营均保持独立。2021年，沃尔沃在瑞典独立上市。李书福用了十年证明其战略是长期和持续的。

李书福在收购沃尔沃之后就表示："吉利和沃尔沃就像兄弟，不是父子。"并购后两家公司的关系更接近于一种特殊的联盟形式，类似具有自主决策权的两个行为主体之间的战略合作，但同时也用更长的时间坚定地朝着并购后整合的方向发展。

治理结构：独董占三分之二

吉利控股作为沃尔沃的所有者，成立股东大会，提出战略问题和决策，协调吉利和沃尔沃的发展，由八人组成的董事会充分证明了这种做法是明智的。八人中只有两位来自新东家吉利集团，即董事长李书福和沈晖，剩余六名董事会成员（不包括沃尔沃的三位工会代表）没有沃尔沃的背景，分别来自三个国家（瑞典、德国、奥地利）。在沃尔沃的八位董事会成员中，拥有汽车业技术背景的董事占有三席，熟悉财务和资金运作的董事占有两席，独立董事占三分之二。

这个董事会架构确保赋予沃尔沃充分的授权能力和自主经营权，是李书福"放虎归山"战略的治理结构保障，既避免过多保留原沃尔沃的董事会成员，又没有让吉利占主导，从顶层设计上避免吉利与老沃尔沃的沟通阻力和矛盾，启用有高度专业度的局外人，从技术与资金两大维度确保吉利作为股东的需求。例如，有大众汽车背景的德国人斯蒂芬·雅克布成为董事会成员，并担任沃尔沃汽车公司总裁兼CEO，董事会赋予执行管理团队独立性，这也是至关重要的一步。

并购十年：双方共赢

并购之后，吉利和沃尔沃都取得了不错的成绩。

2013年，沃尔沃从福特集团十年的亏损中恢复盈利，截至2021年12

月，沃尔沃汽车雇用了大约41 000名全职员工。沃尔沃汽车产品开发、营销和管理职能主要集中于瑞典哥德堡总部。沃尔沃汽车在哥德堡、根特（比利时）、南卡罗来纳（美国）以及中国的成都、大庆和台州设立了生产工厂，还在哥德堡、卡马里洛（美国）和上海（中国）设有研发和设计中心。自此，吉利成为一家中国企业控股、横跨欧亚和北美的跨国企业。

沃尔沃汽车销量的增长更是令人印象深刻。2009年沃尔沃的总销量仅为334 808辆，2019年沃尔沃全球销量达到705 452辆，这是沃尔沃公司成立90多年来，年销量首次突破70万辆大关。尽管受到全球缺芯的影响，沃尔沃汽车2021年的全球销量依然达到69.87万辆，同比增长约6%。特别重要的是，沃尔沃的新能源车业务取得了不错的进展，其RECHARGE系列车型全球销量约为18.92万辆，同比增长63.9%，占全年全球品牌总销量的27%。到了2021年第四季度，RECHARGE车型占比进一步提升到总销量的34%，其中，插电式混合动力车型占总销量的28%，纯电车型占总销量的6%。

经过十年的努力，中国已经成为沃尔沃发展的核心引擎。沃尔沃在华销量占全球销量的比重从2010年的8%上升到2021年的25%，其超过17万辆的销量已经超越美国（12万辆），中国成为沃尔沃的第一大单一市场。沃尔沃在中国市场还实现了全系车型的电气化布局，包括40、60、90系在内的全系车型都已经提供包含纯电动车型、插电式混动车型以及轻度混动车型在内的多种动力选择。

吉利也得益于此次并购，公司综合实力又上了一个台阶，其销量从2010年的约40万辆增长到2021年的约132.8万辆，净利润从13.7亿元增加到43.5亿元，成为百万级销量的中国民族品牌领军者。尽管遭遇全球缺芯影响，吉利2022年目标仍定为165万辆。得益于与沃尔沃的合作，吉利的产品质量和生产标准得到了提高，品牌知名度也大大增加，连续三年位居中国品牌之首。

吉利的收获远不止销量的提升和品牌价值的增加，作为新兴跨国公司，吉利动态核心竞争力的建设才是至关重要的。吉利对沃尔沃的"放虎归山"策略十年不变，体现了公司的战略定力，始终坚持充分授权、探索发展、深度协调。尊重沃尔沃原有的管理、技术创新能力及其全球运营，使沃尔沃成了吉利海外并购的样板工程，对被并购公司表现出来的文化尊重、坚守承诺，成功为吉利后续多宗海外投资与并购的信用和实力背书，提升了中国企业的海外形象。此外，吉利也打造了全球化的人才体系，包括全球高端研发及管理人才。目前，吉利控股集团共有来自全球 40 多个国家的近 5 万名外籍员工，占比达 42%。

通过并购和整合，吉利实现跨越式发展，形成了符合国际标准的工程研发和造型设计的原创能力，通过联合开发模块架构 CMA、SEA 掌握了架构能力，实现了质量体系标准化，完成了产业链全球化布局，最终达到了品牌影响力全球化。

三大协同：迈向吉利+沃尔沃的新格局

吉利控股集团常务副总裁、首席财务官、沃尔沃全球董事李东辉在并购十年之际回顾概括道，双方的协同发展经历了第一阶段的财务协同、第二阶段的技术协同和第三阶段的全面战略协同。

财务协同的最重要一点体现在吉利帮助沃尔沃获得巨额贷款，用于加大研发与扩大产能。2012 年，沃尔沃从中国国家开发银行获得第一期贷款 9.22 亿欧元（约合人民币 76.01 亿元），用于现有贷款再融资和确保增长计划顺利进行；2013 年 11 月，沃尔沃又获得该行第二笔 8 亿美元贷款（约合人民币 48.75 亿元）。两笔贷款期限都长达 8 年。高融资额度与长融资曲线对沃尔沃汽车的产品研发（尤其是 SPA 平台的打造，以此摆脱福特的知识产权掣肘）和布局（尤其是在瑞典扩大产能）都起到了非常关键的作用。

在并购两年不到的时间,吉利帮助沃尔沃完成了上述目标,让后者深刻认识到了吉利资源整合的能力,并为双方下一步的技术协同打下了扎实的信任基础。

双方的技术协同至少有三个重要成果。

第一个是由吉利投资,沃尔沃技术参与的欧洲研发中心(CEVT)于2013年9月开始运营,并成功研发CMA基础模块架构。

第二个重要成果是2016年领克品牌诞生并持续获得商业化的成功。2021年,领克销量达220 516辆,同比增长约25.68%,刷新品牌最高年销量纪录。

第三个重要成果是双方在智能电动汽车领域,基于SEA浩瀚和SPA2电动车架构,实现沃尔沃、极星、领克和吉利品牌的架构共享。其他重要成果还包括合资成立极星电动汽车以及联合开发高度自动驾驶解决方案等。沃尔沃经验丰富的设计团队与吉利强大的制造及成本控制能力相结合,双方联合的工程师团队最终实现了优势互补、强强联合。

极星的资本化运作,是李书福又一个产业资本运作的创新案例。通过SPAC(特殊目的公司)并购上市是目前全球新的融资上市模式。2022年6月24日,极星在纳斯达克举行敲钟仪式,这是李书福的又一次"尝新"。极星通过与Gores Guggenheim(一家由Gores Group和Guggenheim Capital的附属公司组建的特殊目的收购公司)的业务合并交易,成功融资8.9亿美元,极星的收盘价市值达到了274.95亿美元。

双方的战略协同效果,在并购的十年后愈加显著。2020年2月10日,吉利汽车发布公告称,公司管理层正与沃尔沃汽车的管理层进行初步讨论,探讨两家公司的业务合并重组的可能性。最初公布的方案比较宏大,希望探讨的是资产合并,并将重组后的资产纳入吉利汽车香港上市公司,再考虑未来在瑞典上市。之后发布了"缩水"版,但被认为是最佳的合并方案,即在保持各自独立公司结构的基础上，进行一系列业务合并及合作。其中的重点包括：双方将动力总成业务合并成立新公司，重点开发新一代双电机混合动力系统和高效内燃发动机，双方共同开发、使用下一代纯电专属模块化架构，而最重要的一条就是双方继续保持独立公司架构。

2020年6月17日，4个月前宣布的宏大版本合并计划被搁置，主要是由于吉利汽车控股有限公司董事会批准可能发行人民币股份，并计划于上交所科创板上市。当年9月1日，吉利汽车科创板上市申请获得上交所受理，同时，其对外披露了详细的招股书。12月，李书福表示，吉利汽车登陆科创板后将重启与沃尔沃汽车合并重组的讨论。然而到了2021年6月25日，吉利汽车发布公告宣布撤回科创板上市申请，主要原因是IPO强调"硬科技"的政策收紧，监管更加严格等。

当然，吉利股权融资的另外一个重要渠道，就是子公司沃尔沃汽车AB公司的IPO，同样可以缓和吉利的杠杆压力。2021年10月，沃尔沃汽车在纳斯达克-斯德哥尔摩证券交易所正式挂牌上市。沃尔沃汽车以每股53瑞典克朗的价格发行B类普通股，成为欧洲当年最大的IPO。这标志着沃尔沃已经被资本市场承认，能够独立发展，成为吉利全球化的欧洲堡垒。IPO募集的资金也为沃尔沃汽车全面电动化和智能化提供了支撑。至此，吉利在2012年年初官宣的"最佳方案"浮出水面。

吉利二度进军马来西亚

在成功并购沃尔沃之后，李书福于2017年大手笔投资了马来西亚的宝腾汽车和英国的豪华跑车品牌路特斯。其实，早在2005年吉利就开始向马来西亚出口整车，但因为种种原因无疾而终。

吉利和宝腾都是来自新兴经济体的汽车制造商，但两家企业的发展道路却不尽相同。宝腾最早以"国民汽车"制造商的身份横空出世，得到了马来西亚政府的全力支持，包括保护性关税。虽然初期取得了一定的成绩，但公司私有化后的发展却步履维艰，难以持续。相反，吉利作为一家民营企业，早期为了进入政策壁垒高严的中国汽车行业四处奔波，最终曲线突围，得以获准生产汽车。之后，吉利在李书福的领导下于近20年内迅猛崛起，成为全球汽车市场上一个新兴的重要参与者。

吉利和宝腾的合作符合双方的需求和目标。吉利在收购沃尔沃之后，羽翼渐丰，希望进一步扩大全球化之路，而早先尝试未果的东南亚市场依然是吉利的战略选择，宝腾是重要的切入口。而宝腾当时需要的资金和技术，也正是吉利能够提供的。

马来西亚汽车工业的开端：宝腾

宝腾控股有限公司（Proton Holdings Berhad，简称宝腾），创立于1985年7月9日，是马来西亚唯一一家拥有国家徽章的汽车公司，从事汽车设计、生产、分销和经销。马来西亚总理马哈蒂尔·穆罕默德是宝腾公司的重要推动者。他坚信，汽车制造和装配厂将显著加快马来西亚的工业化进程，缩小马来西亚与发达国家之间的技术差距。成立之初，宝腾属于马来西亚重工业社（Heavy Industries Corporation of Malaysia）和日本三菱集团属下的三菱汽车及三菱商事组成的联营公司。其中，马来西亚重工业社占总股权的70%，另两家日本企业各占15%。公司的运营模式为三菱公司提供生产技术，宝腾负责生产。公司在运营11年之后，于1996年12月达到100万辆的产量。宝腾巅峰时期的马来西亚市场占有率曾达80%。

但在激烈的竞争中，宝腾出现持续经营亏损，再加上所谓的技术转让纠纷，最终使得三菱旗下的两家公司分别于2004年及2005年向马来西亚主权财富基金国库控股（Khazanah Nasional）售出所有股权，结束了22年的投资，宝腾也成为纯马来西亚资本的汽车公司。之后，宝腾推出了第一款本土设计和制造的轿车，但是依然使用三菱发动机。尽管宝腾逐步加大了本土设计占比，但是来自日本的技术支持还是必不可少的。

继终止与三菱的合作之后，宝腾在2004年与大众汽车签订过备忘录，希望双方超越简单的合同制造关系，允许宝腾获得大众汽车更先进的技术，更快地推出新车型。但是，当大众提出要收购宝腾51%的控股权时，谈判无疾而终。宝腾在其几十年的发展历史中，先后与多家欧洲及日本车企建立过合作关系，与本田、铃木和法国雪铁龙也进行过短暂的技术转让合作。

马来西亚汽车产业加强开放：宝腾持续低迷

2004年9月发布的一款紧凑级掀背轿车GEN-2，由马来西亚宝腾汽车公司和路特斯工程公司耗时4年共同开发，也是宝腾收购路特斯后设计的第一款新车。GEN-2的造型设计和工程设计由宝腾公司完成，路特斯工程公司负责底盘调校，路特斯设计中心（Lotus Design Studio）完成内饰设计。即便如此，依旧无法挽回宝腾的颓势。宝腾2005年的销量为166 118辆，比2004年的166 833辆还略低，2006年和2007年的销量连续两年下跌到11万辆左右。

在持续低迷下，2012年，宝腾完成私有化。当年1月，主权财富基金国库控股将其在宝腾近50%的股份出售给马来西亚大型企业集团DRB-HICOM。DRB-HICOM支付13亿林吉特，相当于每股5.5林吉特——仅略高于宝腾公司净资产价值的一半（当时每股9.7林吉特）。尽管外国投资者的报价更高，但是当时的马来西亚总理纳吉布·拉扎克仍希望保持宝腾的国家品牌形象，优先由DRB-HICOM将宝腾私有化。（更何况当时DRB-HICOM由马来西亚拥有25亿美元净资产的第八富豪赛莫达控制，他是纳吉布政党的重要贡献者，也是总理核心圈子的成员。）公司私有化后，不再拥有马来西亚"国民车"制造商的桂冠。

2012年的私有化并没有为宝腾的业绩提振起到实质性的作用，公司基本还在生产一些源自三菱技术的旧车型。至2016年，宝腾的经营不断恶化，销量从2012年的14.1万辆一路下滑到2016年的7.2万辆，市场份额仅剩12.5%。当年，宝腾寻求政府支持，马来西亚政府同意为宝腾拨出5亿美元的支持资金，但条件是宝腾要给自己找到国外的投资商。DRB-HICOM开始了寻觅新的海外战略合作伙伴的国际竞标活动。第一轮共有23家全球公司通过审核，最终入围的包括雷诺、铃木、通用、大众、标致和吉利。在与大众、标致雪铁龙，以及中国奇瑞的几轮谈判失败后，吉利汽车终于成为宝腾合适的合作伙伴。

宝腾寻求发展：购买路特斯汽车

在20世纪末，宝腾也曾经尝试通过国际化和海外并购，提振技术水平。1996年，宝腾累计产量超100万辆，雄心勃勃地走向国际化，并抓住时机收购了英国的路特斯跑车，希望通过推出新车型赢得新的市场份额和先进的研发能力。路特斯曾是世界著名的跑车与赛车生产商，总部位于英国诺福克郡的海瑟尔。自20世纪50年代初以来，路特斯以其卓越的操控性能、轻量化设计和卓越的工程技术而闻名于世。除了生产诸如Esprit、Elan、Europa、Elise、Exige、Evora和Evija等运动车型外，该公司还凭借其路特斯车队在一级方程式赛车运动中的表现取得了多项成功。

路特斯的起源可以追溯到第二次世界大战后的几年，当时英国工程师和赛车爱好者柯林·查普曼（Colin Chapman）于1948年在伦敦大学学院学习结构工程时制造了他的第一辆赛车。

1952年，查普曼在大学毕业后创建了路特斯工程公司（Lotus Engineering Ltd.）。很快，他成为汽车行业有影响力的英国设计工程师、发明家和建造者,被誉为"赛车史上最具创意的赛车设计师"。

两年之后,路特斯车队(Team Lotus)从路特斯工程公司分离出来,在1958—1994年间活跃于一级方程式赛场。路特斯的品牌知名度由此进一步打开。查普曼以其简单而有效的设计理念而闻名:"增加动力让你在直道上更快,减轻重量让你在任何地方都更快。"

1959年,路特斯集团(Group Lotus PLC)成立,集团由路特斯汽车(Lotus Cars Limited)和路特斯零部件(Lotus Components Limited)两个子公司组成,分别致力于道路用车和民用赛车的生产。后者于1971年更名为路特斯赛车(Lotus Racing Limited),但重新命名的公司于同一年就停止了运作。在运营初期,路特斯在英国、欧盟和美国销售,主要针对私人赛车手和汽车爱好者。

到了20世纪80年代初,当全球经济衰退时,公司遇到了严峻的财务挑战,其产量从每年1200辆下降到仅383辆。1982年,时年54岁的查普曼被卷入英国政府补贴丑闻,之后因心脏病发作去世,路特斯濒临破产。其间,尽管路特斯集团寻求与丰田汽车建立短暂的合作关系,但最终被通用汽车在1986年以2270万英镑的价格收购。两者的运作并不理想,通用汽车损失了5000万英镑。1993年8月,通用汽车又以3000万英镑的价格将路特斯出售给一家卢森堡的控股公司A.C.B.N. Holdings S.A.,这是一家由意大利商人罗曼诺·阿蒂奥利(Romano Artioli)控制的公司,他还拥有专门生产运动跑车和高级豪华轿车的布加迪汽车公司(Bugatti Automobili SpA)。

1996年10月,阿蒂奥利破产,宝腾收购了路特斯80%的股份,价值5100万英镑。路特斯成为宝腾的子公司。宝腾渴望凭借此次收购扩大国际市场,并获得直接的研发能力。然而,时运不济,1997—1998年的亚洲金融危机对马来西亚的地区经济造成重创,经济复苏极其缓慢,宝腾公司无法独善其身，业务扩张无法按计划进行。

在这里，有必要对 Lotus 的中文名字做一个解释，因为这与宝腾也有一定的关系。Lotus 于 2011 年 2 月三方合资，成立"北京路特斯汽车销售有限公司"，宣布正式进入中国市场。该公司是英国路特斯集团授权的"莲花"跑车在中国市场的唯一总代理商，拥有对"Lotus"字样及带有其创始人姓名缩写"ACBC"的 Logo 的唯一合法使用权，并行使该品牌在中国市场的营销、售后服务以及向英国总部反馈信息等职能。中方的投资者是张力宸，他也将宾利品牌带入了中国。但是，广东井得电机有限公司于 2010 年 11 月 6 日抢先在中国注册了"莲花"以及"LOTUS"。由于商标被抢注，Lotus 不得不注册并启用其中文官方名称"路特斯"。

同期，青年集团与宝腾公司展开合作，并为其控股的路特斯工程公司（Lotus Engineering Ltd.）提供技术支持，向中国市场推出"青年莲花"。该公司在市场营销的过程中，有意模糊"莲花汽车"(Lotus Car) 和"路特斯工程"，在品牌宣传时打莲花汽车的擦边球。

当时，纯进口的路特斯跑车与在中国生产的青年莲花汽车同时存在，对于中国消费者而言，确实会对品牌产生混淆，也不一定搞得清两个品牌的关系。本书对于发生在 2011 年之后关于 Lotus 的描述，将统一使用路特斯。

吉利第二次深入亚洲市场：收购宝腾和路特斯

2017 年 6 月，浙江吉利控股集团经过几轮艰难的谈判，在竞标过程中脱颖而出，与马来西亚 DRB-HICOM 集团签署并购协议，收购 DRB-HICOM 旗下宝腾汽车 49.9% 的股份以及豪华跑车品牌路特斯 51% 的股份。

当时吉利的报价低于法国标致雪铁龙集团（PSA），但吉利为宝腾和路特斯的可持续发展提交了更为具体的计划，而其他几家汽车公司在标书中仅仅将宝腾作为各自的海外生产基地。

最终赢得此次并购的重要条款是马来西亚对公司的控股权。为了尊重马来西亚方面的意愿，吉利同意 DRB-HICOM 拥有未来公司的控股权，使宝腾保持马来西亚民族汽车制造商的地位。李书福的让步不仅出于他对东南亚文化的了解，也是出于吉利在东南亚市场的长远发展考虑。

2017 年 5 月 24 日，吉利控股宣布计划以 4.603 亿林吉特（约合人民币 7.34 亿元）收购宝腾汽车 49.9% 的股份，其中 1.703 亿林吉特（约合人民币 2.72 亿元）为现金注入，2.9 亿林吉特（约合人民币 4.62 亿元）来自吉利的畅销车型博越平台全生命周期内的授权使用费市值估价。这个架构使得吉利现金注入的部分仅为 1.703 亿林吉特。宝腾 50.1% 的股份将继续由 DRB-HICOM 持有。与此同时，吉利以 5500 万英镑（约合人民币 4.8 亿元）的价格获得路特斯 51% 的股份，余额由 Etika 汽车公司持有。除了股权投资之外，吉利还获得了宝腾的经营管理权。

2017 年 9 月 29 日，吉利和 DRB-HICOM 联合宣布宝腾控股的公司重组和新任董事会名单。赛义德·费萨尔·阿尔（Syed Faisal Albar）连任董事长，来自吉利的李东辉（执行副总裁兼首席财务官）、冯擎峰（集团副总裁兼首席技术官）和余宁（国际业务执行副总裁）一并加入宝腾董事会（联合媒体声明，2017）。此外，拥有 30 年汽车行业经验的高管李春荣被任命为宝腾的新任首席执行官，负责包括研发、生产、制造、营销在内的全部运营。由此，尽管马来西亚方是大股东，但是实际的管理运营均由中方全面负责。新宝腾计划先恢复盈利，之后在未来几年内将宝腾发展为"马来西亚第一品牌以及东南亚市场领导品牌"，最后重新开拓国际市场。

从合作之初，吉利就为宝腾量身打造了复兴计划——"北斗七星战略"：围绕人才、渠道、成本、质量、产业链、工厂改造以及开发新产品七方面，全面提升宝腾本土创新能力、零部件配套体系建设和员工专业技能培养，寻求最大的资源协同和规模化效应。作为本土化计划的一部分，宝腾也进一步投资 12 亿林吉特（约合人民币 19.14 亿元），扩建丹戎马林工厂，生产新车型，这些举措也积极推动了吉利将马来西亚打造成其面向全球销售的右舵车制造中心的战略计划。

宣布吉利与宝腾并购之初，大多数普通马来西亚人对这家中国汽车制造商并不熟悉。不少媒体及消费者对中国汽车的印象依旧停留在价格便宜、质量低劣的负面认知中。为了克服公众的质疑，提升企业形象，吉利邀请了数十位来自马来西亚的媒体记者、汽车经销商、供应商、投资者甚至客户参观杭州的公司总部和宁波的吉利研究中心。之后，马来西亚公众对吉利的看法逐渐改变，更多的人开始对这一并购持正面看法。

吉利旗下宝腾和路特斯的新发展

在吉利的大量投资和技术援助下，宝腾重整旗鼓，首先于 2018 年推出首款 SUV X70，该车以吉利在中国最畅销的 SUV 博越为基础设计生产，并在其造型设计中加入了东南亚市场的本土元素。由于其价格与日本和韩国品牌相比具有竞争力，宝腾获得了大量的订单。这款与吉利联合开发的首款车型也因此被视为其品牌转型的重要催化剂（Taquiddin，2019）。随后几年，宝腾多款汽车都取得了良好的战绩。

宝腾汽车 2021 年成为马来西亚唯一连续三年总销量和市场占有率双增长的汽车品牌，年销量为 114 708 辆，同比增长 4.5%，为 2014 年以来的最佳年度销量纪录，实现连续三年年销量超 10 万辆。宝腾汽车 2021 年市场占有率上升到 22.7%，同比增长 2%，相较于并购前 2016 年销量 7.2 万辆，市场占有率 12% 的状态，吉利在短时间内助力宝腾实现了跨越式增长。

2021 年，宝腾 Saga 销量达 42 627 辆，是宝腾汽车当年销量最高的车型，在马来西亚 A 级车市场中的销量排名第一。"高性能""高安全性"和

"超值的价格"是 Saga 最受客户青睐的卖点。该车已经以 CKD（Completely Knock Down，全散件组装）的方式出口到其他国家组装生产，为马来西亚汽车品牌树立了良好的市场形象。

宝腾的两款 SUV 车，也分别在 2021 年马来西亚 SUV 车型排名中位列第一与第三。吉利于 2020 年为宝腾带来的 X50 车型在 2021 年销量达 28 774 辆，是马来西亚市场上最畅销的 SUV，排名第一。X70 车型全年销量为 16 375 辆，在 SUV 车型中的销量排名第三。宝腾全年 SUV 销量达 45 149 辆，占其总销量的 40%。

2021 年宝腾在海外出口方面也表现亮眼，全年出口量为 3018 辆，销往东南亚、中东和北非的 15 个国家和地区，同比增长超过 100%，成为全年马来西亚出口量第一的汽车品牌。

更值得一提的是，在马来西亚和巴基斯坦政府的全力支持下，2019 年宝腾与 Al-Haj 汽车公司达成协议，在卡拉奇新建散件组装厂。后者是宝腾在巴基斯坦的独家经销商。这座投资 3000 万美元的绿地工厂的长期目标是到 2027 年销售 40 万辆汽车。

2021 年 10 月巴基斯坦总统出席了 Haj Automotive-Proton 公司卡拉奇工厂的揭牌仪式，并启动了新厂房。宝腾 Saga 是在当地生产的第一款车，X70 是第二款车。预计新的汽车工厂在运营的前三年将创造 2000 个直接工作机会和另外 2 万个间接就业机会。随着 CKD 业务在海外市场的持续拓展，宝腾汽车海外业务的未来值有望增长。

吉利从合作开始，在持续输出产品、技术、人才、管理的基础上，全面提升宝腾系的能力建设，既尊重宝腾品牌的独立性、本地化生产与管理，又寻求资源协同和规模化效应，加速宝腾品牌转型升级和国际化进程。作为与吉利签订的多年授权协议的一部分，宝腾获得了吉利博越、缤越和嘉际的设计、开发、制造、营销和分销的知识产权。本土化也是马来西亚政府非常关注的，吉利遵循当地产业政策，积极促进零部件供应商在马来西亚长期化、本地化发展。目前已引进30多家高质量供应商，助力宝腾本地化以及供应商转型升级。

毋庸置疑，吉利与宝腾在区域的影响力和销量的大幅提升，将有助于两家公司的长期发展。在巴基斯坦设立组装厂，也标志着宝腾首次走出去，在海外拥有制造基地。在吉利的支持下，宝腾不仅正在重塑马来西亚汽车工业的格局，而且还信心满满地开始大力拓展海外市场。

吉利的宝腾模式表明中国汽车企业正从简单出口贸易走向并购驱动的对外直接投资，并全面输出"产品、技术、人才、管理"，也代表中国车企正在走向更深度的全球化。

跑车路特斯峰回路转

路特斯算是宝腾被吉利收购的"陪嫁"。之前路特斯被多次转手，品牌价值持续走低，有成为明日黄花的风险。

吉利希望借此并购机会，不走寻常路，恢复路特斯品牌往日的辉煌。收购之初，李书福表示，首要任务是在让路特斯实现盈利的同时，紧跟电气化和人工智能新技术的趋势。但是，如何重新定位路特斯品牌，吉利在收购之初并不清晰，花了几年时间不断思考与修正。直到2021年7月，路特斯组织了一场"新世界·前调"的发布会，CEO冯擎峰传递了路特斯转型的明确信号："如果路特斯再去制造大排量的跑车等一系列传统的东西，对于路特斯而言机会渺茫。所以自2017年路特斯被收购后，我们也在迷茫地寻找适合路特斯的道路。恰逢其时，电动化、智能化和自动驾驶迎风而至，我认为这是路特斯的机遇。"

2021年11月，冯擎峰在广州车展中针对路特斯品牌做了系统性的公开沟通。吉利将智能驾驶的基因植入路特斯品牌，并前瞻未来的智能驾驶趋势，计划将之升级成智能驾驶赛道的一级产品。路特斯的"人格"被三个关键词定义，第一个是反叛，第二个是先锋精神，第三个是多面性的人格。为了实现上面的品牌形象，吉利确定了五个方面的产品描述：

（1）运动性是路特斯最根本的基因。

（2）空气动力学设计都将一以贯之。

（3）如影随形。路特斯最早提出过，驾驶一台跑车要像"穿在你的身上（Wear the car）"一样。这种理念将被延续到智能化的路特斯，不仅好开，它还懂你，就像驾驶者身体的一部分，是能力的延展。

（4）创新的驾乘体验。无论驾驶还是乘坐，都要让用户感受到创新性。路特斯在赛场上不断赢得胜利，依靠的是创新。

（5）可持续发展。路特斯在造车的时候，应用到很多可回收的部件。

Emira将是吉利所运作的路特斯品牌最后一款燃油车。之后，第一款纯电超跑Evija于2019年7月推出，即向外界唤醒路特斯的基因，传递转型升级的强烈信号。该车是路特斯的旗舰车型，但不会是盈利车型，仅计划生产130辆，2020年开始交付，直接制造成本达每台200万美元（Moldrich，2019），市场售价为2188万元人民币起，被称为史上最贵的纯电动跑车。

路特斯的商业化发展重点是纯电智能生活用车。尽管没有公开表达，但路特斯最直接对标的是保时捷，希望实现类似保时捷从911单车型到卡宴、帕纳梅拉、Macan的转变，从超跑市场下沉到主流豪华市场的发展路径，实现年销量从千辆到破万辆，甚至破30万辆的增长。保时捷2021年全球新车销售创历史新高，共交付301 915辆新车，与2020年相比增长11%，美洲市场增幅最大，中国仍稳居保时捷全球最大单一市场的地位，通过在中国的140家销售网点交付95 671辆新车。

按照规划，路特斯2022年将推出代号为Type132的E级SUV；2023

年推出代号为 Type133 的 E 级四门轿跑；2025 年推出代号为 Type134 的 D 级"纯电智能新物种"。上述三款全新车型将与路特斯英国的纯电超跑 Evija，以及将在 2026 年推出的纯电小跑，共同组成路特斯集团未来五年的全球纯电产品矩阵。

路特斯将中国和欧洲市场作为重点销售突破点，同时配合营销模式的战略转型，将采用直销模式，推出服务中心以及城市展厅，更加接近消费者的需求。在销售体验上打造沉浸式的、线上线下一体的销售体验，以及用更多的数字化、互联网化的技术提升销售体验。中国的市场在第一阶段锁定 7 个城市，包括北京、上海、广州、深圳、武汉、杭州、成都，采用直销模式。在海外市场，路特斯汽车依然依靠经销商模式，在全球 40 多个国家有相应的经销商，包括英国、日本、北美等较为重要的市场。

产品的研发分布多地，各有侧重。在英国，路特斯工程团队在海瑟尔主要做跑车产品；考文垂有一个造型中心，侧重于生活用车，与中国研发团队协同；德国的研发团队集中在整车开发操稳转向及平顺性能（VD）调校；中国的研发团队则主要分布在宁波、武汉和上海。

根据公开信息判断，预计将来会有两个路特斯出现，两者间的规模差距将进一步拉大。2021 年，路特斯被拆分为两个独立的业务单元——总部位于英国的跑车制造公司，以及总部位于中国武汉的路特斯科技有限公司。英国项目估计会专注做跑车，沿袭及提升路特斯跑车的基因，打品牌战略。吉利在该项目上投资 1 亿多英镑，将工厂进行升级改造，将产能扩大到 5000 辆，尽管全球订单已经到了 1 万台。而吉利的重头戏则在路特斯科技有限公司，希望通过智能化、电动化，扩大销量，做好上市的准备。根据 2022 年年初的媒体报道，路特斯拟融资规模达 86 亿元人民币，上市地点可能选在美国或者中国香港。

2020 年，武汉路特斯科技有限公司成立，2021 年 8 月路特斯科技全球总部落户武汉。吉利为此投入了 263 亿元人民币用于研发和建设工厂。路特斯武汉智能工厂于 2019 年动工，2020 年全面建设，2022 年第二季度试装车下线，第四季度正式实现投产，规划年产能超过 15 万辆。2022 年 2 月，路特斯全球总部智造中心一期启动，承担了路特斯科技全球运营管理总部的功能，负责供应链管理、全球营销以及中国境内的研发设计等。

路特斯未来在吉利控股集团品牌矩阵中的地位以及资源配置尤其值得关注。吉利、沃尔沃、几何、领克、极氪、极星等品牌都计划推出智能电动汽车，并不同程度地建立了领先优势。与路特斯更为接近的至少有沃尔沃和极星的高端车型系列。吉利需要平衡品牌的定位与调性，避免相互打架。吉利面临的更大的压力是对多个智能电动汽车品牌在研发方面的持续高额投入和销量，因此这些品牌的优先级从商业化的角度估计会略高于路特斯。一个豪华车品牌的打造不是一蹴而就的，保时捷的历史可以追溯到 1900 年。即使路特斯科技有限公司成功上市，路特斯的品牌复兴之路，以及重新成为全球化的豪华车品牌，还有几十年的路要走。更为重要的是，与沃尔沃不同，吉利这次希望以自身为主导，把中国武汉作为总部，打造一个比沃尔沃更为高端的豪华车品牌。除了资本、技术、制造，吉利更需要补上奢侈品管理这一门课。

smart 借力宝腾开拓东南亚市场

宝腾是吉利在东南亚市场发展的一步重要的棋，最新的进展是助力 smart 进入该地区。2022 年 1 月，smart 和宝腾签署区域合作备忘录，共同开拓东南亚新能源汽车市场。宝腾汽车将作为 smart 区域战略合作伙伴，在泰国和马来西亚为全新一代 smart 品牌纯电汽车建立完善的多级销售服务网络，提供营销、销售和售后服务。这顺应了 2022 年 1 月由东盟签署生效的《区域全面经济伙伴关系协定》（RCEP）的大趋势，进一步加强区域间经贸合作关系。吉利左手携戴姆勒，右手牵宝腾，正在打开一个东南亚平台的大格局，这次属于三方战略资产创造，体现了吉利集团化的优势，未来发展如何，值得深入关注。

跨境合作新动作

2022年1月，吉利与雷诺集团签署备忘录，计划组建一家合资公司，在韩国开发、生产和销售雷诺品牌的燃油车和智能混合动力汽车。新车将基于吉利瑞典研发中心开发的（CMA）和吉利的混合动力总成技术，同时发挥雷诺在前瞻技术、造型设计和用户体验方面的优势。该合资公司将把雷诺三星汽车的釜山工厂作为生产基地，除了供应韩国市场之外，还计划出口到其他市场，预计2024年投产，有可能在韩国挂标三星售卖。

2022年5月10日，吉利汽车控股有限公司发布公告，公司的全资附属公司 Centurion Industries Limited（CIL）将以2640亿韩元（约合13.76亿元人民币）认购雷诺韩国汽车 45 375 000 股目标股份。交易完成后，吉利将通过 CIL 持有雷诺韩国 34.02% 的股份。

这次合作，对于雷诺和吉利是一个双赢的未来，雷诺的合作意愿强烈，因为这是雷诺集团"Renaulution 计划"在亚洲重要的一步。该词是雷诺公司造出来的，巧妙之处在于，既融合了雷诺，又含有复兴、重振与创新的意思。确实，雷诺集团在亚太市场表现不佳，2021年营业额为26.88亿欧元，仅占公司总营业额462.13亿欧元的5.8%，该占比相较上一年的7.3%更低。

雷诺在中国市场属于"起个大早，赶个晚集"。雷诺早在1994年就通过合资方式进入中国，但是相较于其他欧美公司风生水起的现状，雷诺早就自行边缘化。2020年4月，雷诺集团宣布终止与东风汽车的合作关系，停止生产和销售东风雷诺车型，失去中国的乘用车市场。雷诺在商用车领域，与华晨集团的合资公司华晨雷诺金杯表现也不理想，面临破产重整。雷诺中国目前仅剩下易捷特和江铃集团新能源公司两个支点，且两家公司的业务体量较小。

雷诺在韩国市场更是断崖式下降。与三星在 1998 年金融风暴时成立的合资企业雷诺三星，销量从 2017 年的 26.4 万辆一路下滑到 2021 年的 5.7 万辆。2021 年 8 月，该合资企业的韩方，即三星旗下子公司 Samsung Card 向韩国交易所（KRX）提交文件，计划全部出售其 19.9% 的股份。一旦三星退出合资公司，合资企业名称中的"三星"（Samsung）字样也将被删除。此前，雷诺集团每年向三星支付 400 亿～500 亿韩元的品牌费用。三星计划后期依托三星集团在电池、汽车半导体等相关领域的优势，在智能汽车方面有更多突破，一旦实施，就意味着雷诺在韩国又多了一个本土竞争对手。由此不难理解，与吉利的合作，被认为是雷诺集团打破亚洲困局的关键一步。

当然，吉利未来也将从与雷诺合资的企业中获利。在韩设立合资企业，意味着吉利可根据韩美自由贸易协定将釜山工厂生产的汽车零关税出口到美国市场！在当前中美经贸关系时有动荡的情况下，如何合理利用规则，让吉利集团的全球化战略更为稳健，风险对冲，这也是重要的一步战略选择。

更值得一提的是，吉利是首个将汽车的核心技术输出到发达国家市场的中国自主品牌车企。吉利的汽车核心技术向雷诺集团与韩国市场的输出，是中国本土汽车公司通过全球化实现技术进步的点睛之笔。

逆全球化时代已经开启

就吉利和很多中国企业而言，全球化是成功的关键。但是，必须明确，在新的地缘政治之下，全球化的时代已经失速，逆全球化时代已经开启。

2022 年年初，李书福在"吉利大讲堂"清楚地表示，就汽车产业而言，一定是全球化的产业，否则很难在科技上取得领先地位，闭门造车就是坐井观天，基础技术研究必须基于全球领先科技才有竞争力。但逆全球化趋势已经形成，因此，必须在全球合规的前提下，既要做好国内大循环为主体这篇文章，又要做好国内国际双循环相互促进这篇文章，尤其在供应链安全方面必须做出可行的方案。

本课小结

中国企业要做大，可以依托中国市场的巨大体量，中国企业要做强，尤其是在技术上有跨越式发展，通过跨境并购获得技术，学习技术管理体系，毫无疑问是一个重要的战略选择。吉利对沃尔沃汽车的并购与整合，是公司实现快速发展的决定性转折点。全球化不是目的，而是增强商业竞争力，确保公司可持续发展的重要途径之一。吉利对沃尔沃后并购时代的管理与融合值得中国跨国公司或者计划海外扩张的公司做深入的研究。

整个后并购的成功管理，更是一个重要课题。东西方文化以及企业文化差异巨大，如何用东方智慧，是值得相关企业对标学习的。在"吉利是吉利、沃尔沃是沃尔沃"的背后，技术转让通过建立 CEVT 巧妙地得以实现。双方共同打造的新一代 CMA 等汽车平台，几乎盘活了吉利的全盘棋，不仅让吉利和沃尔沃受益，还覆盖到了戴姆勒的 smart、宝腾乃至雷诺。当吉利的战略视角从传统的寻求海外资产，走向复杂的全球资产创造战略，吉利从诸多的中国跨国公司中脱颖而出。

通过成功并购沃尔沃汽车，吉利继续深化全球化战略。收购宝腾之后，新宝腾汽车在吉利技术输出的基础上，销量持续上升，并有望通过战略合作为 smart 打开东南亚市场。路特斯重新定位，对标保时捷，直切豪华智能电动领域，并计划独立上市，谋求量价齐升的更大发展。与雷诺最新的合资企业备忘录，更是让吉利计划向发达国家车企输出核心技术，并有望绕开美国对中国的贸易壁垒。吉利通过上述布局，将品牌矩阵进一步扩大到豪华车领域，补上了东南亚这块重要市场，并为进军北美埋下了伏笔。由此看来，我们还需要另一个十年，对上述的战略落地做系统性分析与回顾。

理论探讨：
新兴国家跨国公司全球扩张理论

新兴市场跨国公司的崛起

国际商务学（International Business）中的多种理论可以用来解释近几十年来新兴市场跨国公司的崛起。吉利的成长非常符合"亚洲蛟龙型跨国企业"的定义（典型案例就是20世纪被广泛研究的亚洲四小龙：中国台湾地区、韩国、新加坡和中国香港地区）。这些公司起源于亚太地区，因为最初缺乏资源而进行海外扩张，随后成为世界经济的后起之秀。约翰·马修斯（John Mathews）提出的这一亚洲蛟龙型跨国企业流行概念又被称为"联动、杠杆和学习"（LLL）理论，用来描述新兴跨国企业如何通过与发达国家的跨国公司建立联动（包括联盟和合资）、利用资源、学习和模仿实现海外扩张（马修斯，2002）。亚洲蛟龙型跨国企业被认为是积极进取的，在塑造自己的未来方面一直走在前列，而不是"被动的观察者"（Mathews，2006）。网络学习能力也是新兴跨国公司的特征之一。

乌普萨拉理论在国际商务理论中，被称为"斯堪的纳维亚学派"，它将国际化描述为一个学习过程，强调了企业通过与国际市场的接触和交流来获取知识和经验，并在此基础上进行决策（Johanson et al.，1977）。这种渐进式发展包括：企业先从国内市场获得经验，再转向国外市场；企业从文化和/或地理上相近的国家开始海外经营，再逐步转向文化和地理上较远的国家；海外经营先做出口，再转向更密集、更高要求的经营模式（Blomstermo et al.，2003）。

相较于寻求市场和寻求自然资源为动因的全球化，资产寻求被认为是解释新兴市场跨国公司（EMNEs）的另一个关键驱动力（Buckley et al.，2007），也被认为是新兴跨国公司成功的先决条件（Yakob et al.，2018）。这些公司以新的国际投资者的身份，积极在海外市场寻找地缘和区位优势，其中包括寻求产业和技术集群的正向外部效应，以获取新技术、工业技能、知识、设计、品牌和创新能力等（Narula，2006）。资产寻求型的对外直接投资和并购可能只是EMNEs全球化的第一阶段。

新兴市场跨国公司的动态能力

EMNEs全球化的第二个阶段，可以升级到"资产增值战略"，即将所收购的外国资产和资源与本国和本企业特有的资产进行整合，从而实现总资产的增加，并由此进一步提升公司的竞争优势（Buckley et al.，2016）。将本国资源与被收购公司所在国资源进行有效的结合，需要EMNEs具备吸收知识的能力和知识再造能力（Mathews，2006），这是更为成熟的EMNEs全球化战略成功的关键。因此，由EMNEs发起的向发达市场的并购可以助力企业自身成功实现跨越式发展，包括快速的技术创新（Luo & Tung，2007）。吉利至少有两个典型例子。其中一个是吉利的资本注入沃尔沃，帮助后者在瑞典扩大产能，加大员工招聘，让沃尔沃（即被收购方）的资产增值。当然，吉利基于CMA的研发能力（即借力被并购方的技术力量），几年后在中国打造BMA平台（吉利为主，沃尔沃为辅的模式），则属于收购方的"资产增值战略"。

"战略资产创造"（Strategic Asset-Creation）也标志着EMNEs变得更加成熟，升级到第二发展阶段。Yakob等人（2018）将战略资产创造定义为"通过并购，实现在最有利的区域环境中开展新/旧活动，以实现技术创新，提高研发能力，并创造新的商业价值主张，最终让被收购公司和收购公司均受益"。再以吉利为例，有好几个重要战略资产都是通过收购公司与被收购公司的双方联合共同打造的。例如，吉利与沃尔沃联合建设 CEVT，开发 CMA 和 PMA 两大平台，共同打造全新品牌领克汽车等。在吉利对伦敦出租车公司的并购案中，双方合作推出全新的新能源出租车。在吉利与戴姆勒的合作中，双方联合开发纯电动 smart 汽车。上述案例都属于战略资产创造范畴。

第 8 课

资本运作：
收购戴姆勒的复杂金融架构

资本运作是收购必备的武器，也是李书福的杀招之一。吉利在收购沃尔沃之后，于 2018 年通过股份收购方式，成为戴姆勒（2022 年 2 月更名为梅赛德斯 – 奔驰集团）当时的第一大股东。

涉及 90 亿美元，这是中国民企走向世界的最大的收购案之一，李书福成为戴姆勒的第一大股东后，再一次提升了吉利在全球和中国汽车市场的地位。收购伊始，吉利与戴姆勒共同推出了两个重要合作项目：一是在中国建立高端出行服务合资公司；二是合资成立 smart 品牌全球合资公司"智马达汽车有限公司"，致力于在中国和全球市场生产和销售 smart 汽车，包括双方技术合作生产的智能电动 smart 汽车。

和戴姆勒共舞，体现了李书福对汽车工业的高瞻远瞩，也实现了一个中国车企的高端梦想——和奔驰同台！

如图 8-1 所示，本课将重点分析吉利如何通过复杂的金融架构、股份收购的方式，既绕开了德国的产业政策壁垒，又实现了其成为戴姆勒第一大股东的战略构想。当然，这并不是一次简单的资本运作。通过背后的两大合资项目，也可以看到吉利与戴姆勒之间的强互补关系，尤其是 smart 项目显示出戴姆勒更需要吉利的赋能。

此外，本课还展示了跨国车企巨头在中国的复杂商业关系，尤其是戴姆勒与北汽集团。北汽集团于 2021 年 12 月，通过增持戴姆勒股份到 9.98%，超越吉利的 9.69%，成为戴姆勒的第一大股东。

2022 年 2 月，戴姆勒股份公司（Daimler AG）正式更名为梅赛德斯 – 奔驰集团股份公司（Mercedes-Benz Group AG）。由于吉利收购股权时，德国汽车集团公司名称依然为戴姆勒，所以本课后面截止到 2022 年 2 月之前的公司名称仍旧使用戴姆勒。

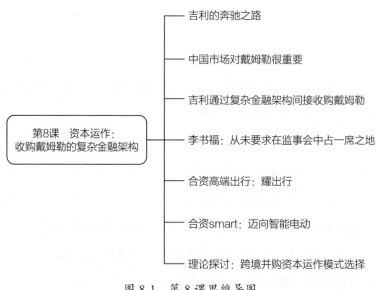

图 8-1　第 8 课思维导图

吉利的奔驰之路

和其他企业家相比，从收购沃尔沃开始，李书福似乎就成了世界品牌的"收藏"爱好者。

事实上，吉利在收购沃尔沃后，就瞄准了戴姆勒，希望品牌之路继续向上，并通过持有汽车巨头的股份，获得稳健收益。

吉利用了十年时间（2010—2020年），证明了对沃尔沃的收购属于中国公司为数不多的成功的跨境并购案例之一。由于李书福对吉利的愿景是不断寻求可持续增长的新机遇，由此，新的跨境并购案的产生顺理成章。继2010年完成对沃尔沃的并购之后，吉利于2017年发起了对宝腾汽车和路特斯汽车的收购。2018年，吉利通过股份收购方式，锁定全球车界的大标的——戴姆勒（奔驰的母公司）。2022年更是资本运作频出，包括对雷诺股份的收购，极星汽车在美国纳斯达克上市，以及对阿斯顿·马丁部分股份的收购。在这里，值得对中国的豪华车市场做一个快速分析，以便了解吉利为何希望切入该市场。

最大豪华车市场在中国

吉利在收购沃尔沃之后，无论品牌还是技术都有了很大的进步，但是在豪华车市场，沃尔沃并不是第一梯队。在全球汽车市场中，排名前三的豪华车制造商，即ABB（奥迪、奔驰、宝马），以其持续增长和稳定的利润水平广受业界和市场的认可。ABB在2021年的全球销量接近630万辆，其中宝马集团共交付252.2万辆新车，奔驰全球销量则达209.3万辆，奥迪168万辆，而沃尔沃的销量为69.9万辆。

中国是豪华车公司最重要的战略市场，ABB在中国市场销量激增的背后，是三家公司为适应中国市场所做的巨大的本地化努力。经过多年的运营，ABB的中国市场占全球市场的比例均超30%。以2020年为例，ABB在中国销售的豪华车在全球市场的占比都是第一，奥迪占到全球销售的43%，宝马为33.4%，奔驰为35.8%。另外，保时捷为32.7%，沃尔沃为23%。

上面数据显示了ABB在全球和中国市场均表现出色，豪华车量价齐高，利润率高，是诸多车企梦想实现的境界。

2020年，沃尔沃在被吉利收购之后方显出持续的增长趋势，尤其是在中国和美国。虽然与2019年相比，沃尔沃2020年在中国的汽车销量仍增长7.5%，达到16.6617万辆；在美国，沃尔沃售出11.0129万辆汽车，同比增长1.8%。2021年，沃尔沃汽车中国大陆年销量突破17万辆，在美国销售12.2173万辆，在这两个市场上，对沃尔沃的SUV系列的强劲需求是拉高销量的主要原因。

戴姆勒成为李书福最佳标的

戴姆勒成为李书福最佳标的的原因有三：一是足够大，二是足够强，三是其股权结构容易下手。

事实上，从车企的研发投资额也可在一定程度上判断出企业的可持续竞争力。2010—2015年，沃尔沃轿车研发投入了110亿美元，涉及新车型、新平台、新动力总成、新能源汽车和自动驾驶等众多项目。2018年，沃尔沃集团（包括卡车、公共汽车、建筑设备等）为研发共花费了17亿美元，而奥迪、宝马和戴姆勒在同一年分别投资了38亿美元、86亿美元和91亿欧元（Reid，2018）。通过上述四家企业的研发投入差距，也多少可以预估出各自公司未来的新产品竞争力，以及销量和利润差距。

即使从纯粹的投资和品牌角度来看，拥有ABB股份也会是一个相对安全稳健的投资选择。这三个品牌拥有稳固的豪华车品牌地位和可观销量，属于汽车行业的稀有资产。

在并购沃尔沃初期，李书福曾有志于通过更新设计和技术，将沃尔沃从高端品牌进一步升级为豪华品牌。然而，李书福很快发现，沃尔沃人深受斯堪的纳维亚的詹特拉根文化影响，其基本法则就是"让我们最好不要拥有比邻居更大的房屋或游船"。老一代沃尔沃汽车人始终认为自己是"高端"汽车，而绝非"豪华"车。在斯堪的纳维亚文化中，使用"豪华"二字甚至带有贬义。经过多年磨合，沃尔沃在国际市场上总算使用了一个"平衡"表达，即"现代瑞典奢侈品"。将沃尔沃从高端品牌打造成吉利希望的豪华品牌，尽管部分消除了中国与瑞典文化的差异，但仍然需要至少十几年的努力，沃尔沃要缩小与ABB的品牌定位落差仍有很长的一段路要走。当有机会直接获取豪华车品牌的股份时，李书福自然会选择这条"捷径"。

在ABB中，为何锚定戴姆勒？重要原因是三家公司不同的股权问题，收购三大巨头股权的难度是截然不同的，收购戴姆勒是相对而言"最容易的"。奥迪隶属于大众汽车集团，保时捷家族对其持有30%以上的股份。宝马集团的最大股东科万特（The Quandt）家族控制着宝马约46.7%的股份，仅斯蒂芬·科万特（Stefan Quandt）先生便控制着总计25.83%的股份，并且拥有阻止任何潜在收购的权力。至于戴姆勒，正如我们将在下一节中详细阐述的那样，在吉利收购之前，其最大的股东是科威特主权储蓄基金，持有6.8%的股份（见表8-1）。

表8-1 2017年大众、宝马和戴姆勒公司的最大股东

公司名称	股票名称	2017年1月1日每股价值（欧元）	2018年1月1日每股价值（欧元）	2017年最大股东	最大股东持股占比
大众	VOWG	136.75	168.70	保时捷	53.1%
宝马	BMWG	88.79	87.19	The Quandt	46.7%
戴姆勒	DAIGn	70.72	70.80	科威特主权储蓄基金	6.8%

资料来源：investing.com。

选择戴姆勒的另外一个原因是两者发展战略的协同性。当时，李书福已经判定电动汽车和智能网联自动驾驶将是汽车工业的未来。在全球碳减排的

趋势之下，汽车工业要么选择主动转型，要么是在政府双碳的法规下被动转型。戴姆勒和吉利已经选择了主动转型，通过和戴姆勒合作可以在上述领域形成协同效应。

戴姆勒集团旗下的梅赛德斯-奔驰于 2018 年 1 月提出投资 100 亿欧元用于扩大其 EQ 系列电动汽车，当时设定的目标是 2022 年推出 50 多款电动汽车，包括超过 10 款纯电动车型。2019 年 5 月，戴姆勒集团发布"Ambition2039"计划，目标是到 2039 年实现乘用车新车产品阵容的碳中和，到 2030 年电动车型（包括纯电动和插电式混合动力车型）将占据乘用车新车销量一半以上的份额。戴姆勒集团在新能源汽车布局上推陈出新，以对原有车型的电动化升级应对新趋势。同样，截至 2022 年 3 月，奔驰官网上提供的纯电动车仅有 5 款，插电式混合电动车有 3 款。

吉利早在 2015 年就启动了"蓝色吉利行动"五年计划，规划了一个雄心勃勃的目标。吉利汽车发布的 2022 年上半年财报显示，上半年新能源车销量大增 398%，吉利汽车已经进入了"全面向新"的加速发展期，并进一步明确了接下来的发展目标：2022 年内实现新能源车单月销量占比达到 30% 以上；到 2023 年，通过完善产品布局实现新能源车单月销量占比达到 50% 以上。

打造智能网联电动车对于传统车企来说，属于颠覆式创新，不仅资本投入巨大，对公司的人才招聘、新老人员融合、组织变革，以及公司文化（新产品背后的工程师文化都与传统汽车工程师不一样）升级等软实力领域也都提出了巨大的挑战。正因为戴姆勒和吉利都没有实现各自提出的新能源汽车目标，所以双方联手产生协同效应或将是双方都愿意看到的。

中国市场对戴姆勒很重要

经过多年的投资，中国已成为戴姆勒最大的市场。2018 年，戴姆勒在中国的销售额是在美国的两倍，并且高于（不包括德国的）欧洲市场之和。表 8-2 概述了中国市场对戴姆勒的重要性。2021 年，梅赛德斯-奔驰向中国客户交付了 758 863 辆新车，同比下降 2%，但是奔驰新 S 级总计的全球销量 87 064 辆（增长 40%）中，有 35.5% 来自中国市场。迈巴赫车系销量中，中国车主的占比超过 68.7%，可见中国市场对豪华车的需求强劲。

表 8-2 2018—2021 年奔驰汽车按国别销量

国家或地区	2018 年（万辆）	占比	2019 年（万辆）	占比	2020 年（万辆）	占比	2021 年（万辆）	占比
中国	67.8	28%	69.4	29%	77.4	36%	75.9	38%
美国	32.7	14%	31.3	13%	24.9	12%	25.1	13%
欧洲	98.3	41%	99.2	42%	78.4	38%	66.2	34%
其他地区	39.5	17%	38.6	16%	29.6	14%	29.1	15%

资料来源：戴姆勒 2018 年报第 81 页，戴姆勒 2020 年报第 47 页，戴姆勒 2021 年报第 54 页，单位为万辆。

对于戴姆勒而言，从纯进口到本土化制造需要一个过程，公司从顺应中国汽车产业政策和快速响应市场需求的角度，选择了更大程度的本土化。在 2014—2019 年，戴姆勒在中国的产品销售发生了结构性变化，进口车占总销售量的比例从 50.7% 降至 18.3%（参见表 8-3）。戴姆勒与多家车企建立了合资企业，其最重要的合作伙伴是北京汽车集团有限公司（简称"北汽集团"）。目前，戴姆勒在中国拥有五个合资企业和三个分支机构。

表 8-3 2014—2019 年奔驰乘用车在中国的销量

年份	2014 年	2015 年	2016 年	2017 年	2018 年	2019 年
国产（万辆）	14.6	25	31.7	42.3	48.5	56.7
进口（万辆）	14.7	15	17.1	19.6	19.3	12.7
总计（万辆）	29.3	40	48.8	61.9	67.8	69.4
国产比例	49.3%	62.5%	65%	68.3%	71.5%	81.7%
进口比例	50.7%	37.5%	35%	31.7%	28.5%	18.3%
总计	100%	100%	100%	100%	100%	100%

资料来源：Daimler, 2020a。

和北汽集团的合作

北京奔驰汽车有限公司（BBAC，简称"北京奔驰"）和北京梅赛德斯-奔驰销售服务有限公司（BMBS，简称"北京奔驰销售"）均为合资企业，分别负责生产和销售奔驰乘用车。

北京奔驰汽车有限公司成立于2005年，是戴姆勒在中国成立的第一家合资企业，其中北汽集团持有51%的股份，戴姆勒持有49%的股份。梅赛德斯-奔驰主要生产了八个本土化车型，包括属于SUV的EQC、GLC、GLB、GLA，以及AMG、A级轿车、C级轿车、E级轿车。2019年，奔驰乘用车在中国的销量为56.7万辆（见表8-3），2021年跃升到75.9万辆。

2012年12月，北汽集团与戴姆勒建立了第二家合资公司——北京梅赛德斯-奔驰销售服务有限公司，双方各占50%股权。该公司主要目标是将两个先前分离的销售渠道合二为一，统一负责奔驰在中国进口车与国产车的销售业务。该新合资公司将销售和市场营销、售后、扩大经销商网络、二手车和车队销售以及经销商和车间培训等功能整合为一个系统。

2013年，为推进北汽集团股票的首次公开募股（IPO），北汽集团在合资企业北京奔驰汽车有限公司中的份额从50%增加到51%。相应地，戴姆勒在北京梅赛德斯-奔驰销售服务有限公司中的份额提高到了51%（见图8-2）。

图8-2 戴姆勒获得的中国国有车企股份

资料来源：根据国家企业信用信息系统资料整理。

在 2013 年至 2019 年期间，戴姆勒和北汽集团形成了相互持股的结构。2013 年，双方在全面战略合作交割书上签字，宣布双方实质性地进入了全新合作阶段。当时，为了在引入戴姆勒投资北汽集团股份的同时规避 50% 股权上限的政策限制，北汽集团向监管层提出了入股戴姆勒，双方将实现"交叉持股"的计划，从而降低戴姆勒间接持有北京奔驰的权益。该项目被称为"北戴合"。

该项目落地首先从戴姆勒持股北汽集团开始。2013 年 2 月，戴姆勒持有北汽集团旗下北京汽车股份有限公司（简称"北京汽车"）12% 的股权，并拥有两个董事会席位。由此，戴姆勒成为首家获得国有车企股份的外资企业。2018 年 3 月，戴姆勒大中华区投资有限公司完成了对北汽集团旗下北京新能源汽车股份有限公司（简称"北汽新能源"）3.93% 股份的收购。北汽新能源在中国上市后也被称为北汽蓝谷，戴姆勒实际持有股份 3.01%。

2019 年 7 月，北汽集团购买戴姆勒 5% 的股份，市值约为 25 亿欧元（约合 28 亿美元），从而成为第三大股东，紧随吉利（9.69%）和科威特主权储蓄基金（6.8%）之后。本次交易包含 2.48% 的直接持股以及获得额外等同于 2.52% 股份投票权的权利。金融市场对于戴姆勒的这一中国合作伙伴是发出积极信号的。2019 年 7 月，当北汽集团宣布对戴姆勒投资后，法兰克福交易所中戴姆勒的股价上涨达 5.2%。这是戴姆勒股价在之前 12 个月中下跌 15% 之后的首次反弹。

自此，意味着北汽集团和戴姆勒的"交叉持股"完成，前后共耗时 6 年。该项目耗时久的重要原因之一是北汽集团属于北京市国有企业，入股戴姆勒所需的资金需要层层审批。同年，戴姆勒持有在香港上市的北京汽车的股份比例为 9.55%，并拥有董事会席位，持有北汽集团在 A 股上市的北汽蓝谷的股份比例仍为 3.01%。

2021 年 12 月，北汽集团继续投资戴姆勒，将股权增加到 9.98%，一跃成为第一大股东。汇丰银行因直接持有戴姆勒 5.23% 的表决权，在北汽集团购买戴姆勒 5% 股份的交易中发挥了至关重要的作用。当时，北汽集团有意向获得戴姆勒监事会席位，不过截至 2022 年 4 月，北汽集团并未宣布获得，而一旦北汽集团在监事会中获得席位，那么其决策权将比吉利大得多。同时，戴姆勒集团持有北京汽车 9.55% 的股份，以及持有北汽蓝谷 3.01% 的股份，继续保持双方交叉持股（见图 8-3）。

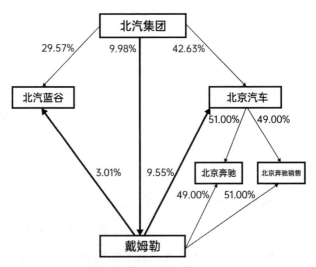

图 8-3　戴姆勒和北汽集团的交叉持股和合资企业

资料来源：北京汽车、戴姆勒及其合资企业的官方网站。由作者编译并绘制。

相较于第一次耗时 6 年，北汽集团此次仅用两年多的时间实现股权提升，与来自吉利的竞争压力有密切关系。北汽集团与戴姆勒牵手 16 年来，除了合资主体北京奔驰之外，双方在其他领域无所建树。而吉利入股戴姆勒不到两年的时间，双方在共享出行和 smart 项目上闪速成立两家合资企业。吉利与戴姆勒越发亲密的伙伴关系，让北汽集团如鲠在喉，并担心丢失原有的"优先权"，未来如果戴姆勒与吉利在奔驰品牌汽车领域进行合作，对于北汽集团来说将是致命打击。

在此背景下，北汽集团迫切需要加强与戴姆勒的关系。纵观北汽集团，与现代汽车公司的合资企业表现不佳，而北汽集团的本土品牌仍处于投资阶段，戴姆勒则是北汽集团最安全的投资选择，属于"现金牛"。2021年，北京汽车实现营收1759.16亿元，其中北京奔驰收入为1679.66亿元，占北京汽车总营收的95.48%！

当然，对戴姆勒而言，北汽集团已成为中国最大的电动汽车生产商之一，与北汽集团的伙伴关系可以确保其在中国市场的新能源汽车配额方面的合规性问题得到解决。另外，戴姆勒向中国市场的扩张能发展到什么程度，取决于本土化的生产基地，加强与一家地处北京的国有企业的合作伙伴关系也是落地中国的安全选择。

北汽集团成为戴姆勒的第一大股东之后，双方共同推进汽车产业"新四化"。至2021年年底，梅赛德斯-奔驰在中国引入共四款纯电车型，包括EQA、EQB、EQC及EQS，2022年全新EQE也进行国产。作为综合的权衡，双方也约定北汽集团不再进一步增持戴姆勒集团股票。

随着吉利和北汽集团在戴姆勒拥有高持股比例，戴姆勒正变得越来越中国化，这一态势使得中国境外的部分投资者感到担忧。正如持有约900万份戴姆勒股份的私募银行德卡投资（Deka Investment GmbH）的可持续发展与公司治理负责人因戈·斯佩奇（Ingo Speich）在2019年5月戴姆勒年度会议上直言不讳地论述："尽管为主要长期股东感到高兴，但我们仍然希望在引擎盖上看到的是梅赛德斯星，而不是中国龙。"（Sims，2019）

中国已经对外资放开汽车股比，然而戴姆勒似乎还没有明显的股比提升。2018年4月，国家发改委表示，于当年取消专用车、新能源汽车外资股份限制。宝马宣布增持25%（由50%变为75%）的华晨宝马股份，成为中国政府放宽汽车行业外商来华投资股比限制后的第一个受益者。2020年，中国宣布取消商用车外资股比限制。2020年5月，大众汽车集团宣布将投资 10 亿欧元，获得安徽江淮汽车集团股份有限公司母公司——安徽江淮汽车集团控股有限公司 50% 的股份，同时增持电动汽车合资企业江淮大众股份至 75%，获得合资公司管理权，实现企业管理模式变革。

2021 年 12 月 27 日，国家发展和改革委员会、商务部发布《外商投资准入特别管理措施（负面清单）（2021 年版）》。2022 年 1 月 1 日起，中国取消乘用车制造外资股比限制以及同一家外商可在国内建立两家及两家以下生产同类整车产品的合资企业的限制。据公开媒体报道，戴姆勒公司曾希望增加控股权，将占股从现在的 49% 提升到 75%。截至 2024 年 2 月，德系三强中，只剩戴姆勒尚未突破股比限制。有消息称双方谈判已经基本完成，随着中国进一步改革开放，或将很快落定。

戴姆勒一旦增持为大股东，北京奔驰将被纳入戴姆勒的财务报表。这对戴姆勒的财务是利好消息。戴姆勒更可以放开手脚，在中国实施以德方为主导的发展战略。当然，北汽集团增持梅赛德斯－奔驰的股份也就是做了风险对冲，还能在一定程度上制衡吉利等公司。

福建奔驰

福建奔驰汽车有限公司（简称"福建奔驰"）是由梅赛德斯－奔驰轻型汽车香港有限公司、北京汽车股份有限公司和福建省汽车工业集团有限公司（简称"福汽集团"）于 2007 年 6 月成立的一家三方合资企业，主要生产中高档商务车——Viano、Vito、Sprinter、V 级车。

通过近十年的发展，2016 年公司实现股权变更，北汽集团旗下香港上市公司北京汽车（01958.hk）与福汽集团分别持有福建奔驰 35% 及 15% 的股权，双方作为一致行动人，与其余 50% 股权的所有者梅赛德斯－奔驰轻型汽车香港有限公司，各自委派三名董事组成新的董事会。这个结构事实上已经变成北汽集团与戴姆勒双方控盘，被称为"北戴福"战略。新合资企业可以获得北汽集团更多的研发、技术、生产制造、供应链和销售的资源。

深圳腾势

深圳市比亚迪戴姆勒新技术有限公司是戴姆勒于 2011 年与比亚迪合作创建的合资企业，用于生产腾势汽车，合作公司注册资本为 6 亿元人民币，比亚迪汽车工业与戴姆勒大中华区投资公司各持有 50% 股份。

作为戴姆勒-奔驰在中国试水新能源领域的成果，腾势的成立与比亚迪探索打造一个介于比亚迪和奔驰之间的品牌、与沃尔沃联合吉利共同打造领克有异曲同工之妙。腾势成立之初备受期待，但遗憾的是，这个出身"贵族"的品牌，市场表现却远远达不到预期，相较于领克的发展，也落后几个数量级。

2021 年 12 月，比亚迪汽车工业与戴姆勒分别对腾势新能源增资 10 亿元人民币。双方同时签署了关于调整其合资公司深圳腾势新能源汽车有限公司（简称"腾势"）的架构的股权转让协议，拟完成双方在腾势的股权转让，转让完成后，比亚迪和戴姆勒将分别持有腾势 90% 和 10% 的股份。我们判断，戴姆勒认为腾势对其新能源战略已经作用不大，仅象征性地保留很少股份。腾势未来将是由比亚迪主导的品牌。

腾势的未来将走向何方还值得关注，但是可以确定的是，腾势的未来与戴姆勒已经没有太大关系了。比亚迪 2022 年新能源汽车全球销量突破了 186 万辆，实现新能源汽车连续 10 年国内销量第一，比亚迪集团实现营业收入 4240.61 亿元，同比增长 96.2%。比亚迪构建了新的品牌矩阵，希望打造王朝、海洋、腾势及尚未公布的高端品牌四个板块。

北汽福田戴姆勒

北京福田戴姆勒汽车有限公司（BFDA，简称"北汽福田戴姆勒"）于 2012 年 2 月成立，总投资 99.506 亿元人民币，注册资本 56 亿元人民币，福田汽车和戴姆勒双方的股比为 50∶50。北汽福田戴姆勒引进戴姆勒的卡车制造标准，以及戴姆勒领先的卡车研发生产技术，打造全新一代高品质重卡。北汽福田戴姆勒建成全球数字化超级卡车工厂，拥有冲压、装焊、涂装、总装四大工艺，形成了领先行业的全价值链经营体系，销售服务网络遍布全国。北汽福田戴姆勒六大产品系列涵盖欧曼银河、EST-A、EST、GTL、ETX、行星，包括牵引车、载货车、自卸车、专用车等 200 多个品种，累计产销超 100 万辆，实现了最全的重卡产品覆盖。公司于 2022 年年底开始生产和销售中国制造的梅赛德斯-奔驰重型牵引车。

福田汽车于 2021 年 4 月迎来了 25 年发展历程的又一个高光时刻，第 1000 万辆新品下线，公司宣告其正式驶入"X 新世代"。戴姆勒卡车是戴姆勒集团的卡车板块，全球最大的商用车制造商之一，在 2021 年完成了独立上市，并于 2022 年 3 月起被纳入德国证券指数（DAX）。中国市场是戴姆勒卡车全球战略的重要组成部分。戴姆勒卡车通过进口与北汽福田戴姆勒两个渠道开拓中国市场，前者通过其全资子公司戴姆勒卡客车（中国）经营梅赛德斯-奔驰进口卡车及动力总成业务。

戴姆勒关联企业

在亚洲，戴姆勒其他较小的业务实体包括在中国香港、台湾地区的销售公司和在韩国的销售公司。戴姆勒的关联公司包括梅赛德斯-奔驰（中国）有限公司、梅赛德斯-奔驰汽车金融有限公司和戴姆勒东北亚零部件贸易服务有限公司。

吉利通过复杂金融架构间接收购戴姆勒

在收购沃尔沃的八年之后，吉利于 2018 年 2 月通过二级市场操作，融资 90 亿美元收购了戴姆勒 9.69% 的股份，成为戴姆勒最大的单一股东，一举震惊业界。在吉利之前，科威特主权储蓄基金是戴姆勒数十年来最大的股东，持有 6.8% 的股份。

吉利于 2017 年 11 月接触戴姆勒，提议收购其股份或达成技术共享交易，但被戴姆勒拒绝。几个月后，吉利集团采用了复杂的财务运作对戴姆勒进行了间接收购，这一运作未违反德国法规中的信息披露规则（Jourdan et al., 2018）。这项收购看似突然，实际上，一个短小精干的项目团队已经持续运作了至少一年。

通过使用香港空壳公司、衍生金融投资工具、银行融资以及精心安排的股票期权，李书福一步步推进收购，直到一鸣惊人。我们试图还原该并购案，为中国企业在海外的资本运作，提供一个新参考样本。

第一步：在香港成立空壳公司。

为了实现股权收购，吉利首先部署了两家香港空壳公司。2017 年 10 月 27 日，空壳公司 Tenaciou3 Prospect Investment 在香港注册成立。该公司只有一股普通股，价值 1 港元（12.8 美分）；只有一名董事——美国籍公民"Yifan Li"。之后公开的信息是，该人为李轶梵，他有着丰富的金融行业从业经验，曾任 JP 摩根副总裁、上海浦东发展银行财富金融业务副总经理和多家公司 CFO，于 2014 年 9 月加入吉利集团，担任吉利集团 CFO。Tenaciou3 Investment Holdings 使用其在 Tenaciou3 Prospect Investment 的股份资本作为担保以进行贷款，而前者的董事也是李轶梵。上述空壳公司又由另一家在香港注册的公司 FUJIKIRO LIMITED 拥有，而这家公司由一家名为金杜律师事务所（Miroku Ltd）的两名高级合伙人"谢晓东（TSE Hiu Tung, Sheldon）"和"Hayden Flinn"持股，两人均负责该律所私募股权交易、证券等相关工作，由来自同一家律所的吴正和（Ching Wo）担任 FUJIKIRO LIMITED 董事。借空壳公司作为投资载体，由律师担任董事，替人代持股份进行投资，这属于常见的投资手段。简而言之，吉利制造了一个以空壳套空壳的复杂财务结构。这个架构的好处是，从法律的角度来看，李书福可以不在任何正式文件中被提及。

吉利在事后的官宣中还是说明了吉利是两家 Tenaciou3 的所有者，实际由李书福持股 91%、李书福之子李星星持股 9% 的吉利集团（注册地为浙江台州）控制。因此，两家 Tenaciou3 都是李书福收购戴姆勒 9.69% 股份的法律实体。

紧接着，2017 年的 11 月，吉利希望戴姆勒发行新股，从而购买 5% 股份。不过，戴姆勒拒绝了吉利的收购请求，表示不愿看到现有股权被稀释。

第二步：通过摩根士丹利部署二级市场。

到了 2017 年 12 月，Tenaciou3 与摩根士丹利和美国美林银行签署了协议，并提交给了香港公司注册处。这是一个帮助吉利以迂回的方式增持戴姆勒股份的方法。摩根士丹利是该融资过程中的重要组成部分，负责在二级市场进行投资部署。为了加快项目进度，吉利专门聘请了摩根士丹利的两名前高管负责相关事宜。

为吉利收购戴姆勒股份提供资金的摩根士丹利，联合旗下控制主体与合资公司，采用包括股票期权、复合期权、交换契约、证券借贷协议收回等多种金融工具，悄然增持戴姆勒至 12.57%，其中摩根士丹利直接持股仅为 0.14%。

第三步：从兴业银行获得并购贷款。

Tenaciou3 Investment Holdings 向兴业银行贷款 16.7 亿欧元（合 20.4 亿美元），用于购买戴姆勒的股份，但巧妙的是，该数额低于要求披露的金额。

第四步：通过美国美林银行（BAML）操作股权领口。

向戴姆勒发起股权收购的另一个重要环节是使用美银美林的"领口期权"（Collar Option），其中所涉及的股份仅在出售给 Tenaciou3 时才需披露

(Heller, 2018)。

领口期权是一种期权策略，包含同时购买股票看跌期权（执行价格低于股票价格）和出售股票看涨期权（执行价格高于股票价格），其目的是保护利润，对冲潜在损失。吉利方面披露的关于股权领口的信息是含糊的，基于吉利有限的信息披露，法国里昂商学院金融学教授卢骏提出以下假设：由于吉利从兴业银行贷款购入的戴姆勒股份已在 Tenaciou3 名下，如果通过美银美林的"领口期权"模式购入的股份同样放在该公司名下，则仍将触发信息披露，暴露吉利的真实意图。因此，判断可能的路径如下：

（1）美银美林与吉利签订协议，为其购入并代持戴姆勒股份，双方约定在未来的某个时间再进行股份交割（类似于远期合约）。

（2）之后，美银美林在市场上购入戴姆勒股份（假设平均成本 70 欧元 / 股）。

（3）为了规避市场风险，美银美林在期权市场上进行了股权领口操作，通过购买戴姆勒的看跌期权（假设执行价格为 60 欧元），并出售看涨期权（假设执行价格为 80 欧元），美银美林使用期权市场的净空头头寸对冲了股票市场中的多头头寸。对于美银美林而言，此方法具有以下优点：

1）买入看跌期权所需的资金可由卖出看涨期权所获资金解决，因而不必有额外资金付出。

2）在最坏的情况下，即戴姆勒的股价暴跌、吉利违约，美银美林仍可以每股 60 欧元的价格出售其所持股票，从而使亏损处于可控范围之内。

根据推测，美银美林与吉利的协议可能如下：①在交割日，如戴姆勒股价低于 80 欧元 / 股，则以 80 欧元 / 股价格交割（这里的 80 欧元 / 股仅为假设，但此价格必然高于美银美林的购入价，以作为利息和代持服务费），如高于 80 欧元 / 股，则以实际市场价格交割；②双方约定代持期间戴姆勒公司的分红归谁所有；③该合约以美银美林代持的戴姆勒股份作为抵押品，但当戴姆勒股价下跌时，此抵押品的价值下滑，因此在此种情况下，美银美林有权要求吉利补充抵押品（现金或现金等价物）。这可能可以解释为何后来市场上会有吉利爆仓的传言。

第五步：完成交易，收购了戴姆勒 9.69% 股权。

2018 年 2 月 23 日，吉利集团的 Geely Vision Investment Limited 从 Tenaciou3 Investment Holdings Limited 收购 Tenaciou3 Prospect Investment Limited 的所有股份，这意味着吉利集团收购了 Tenaciou3 Prospect Investment Limited 所持戴姆勒集团 9.69% 的股权，此次交易完成。

上述交易通过股权的巧妙架构，避开了市场信息披露规则，也就不存在吉利违反信息披露规定的说法。根据德国证券交易法案规定，收购方首次持有德国上市公司 3%，而后达到 5% 的表决权股份时，须通报该上市公司以及联邦金融监督管理局，之后的告知阶段为持股 10%、15% 等依次递增。上述操作的另一重要作用就是隐去融资来源的详细披露。

李书福：
从未要求在监事会中占一席之地

吉利对戴姆勒集团股份的收购激起了德国政府对保护国内商业及其现行的境外收购法规的关注。收购发生后，来自德国议会经济委员会经济部的一份报告指出："在该收购案的背景下，联邦政府将调查现有法规是否能保证足够的透明度，并进一步完善。"（Heller，2018 年）

尽管在吉利收购戴姆勒股份后，德国政府并未立即更新相关法规，但确实发生了一些德国政府进一步强化对中国投资进行干预的案例。例如，2018 年 7 月，在吉利达成交易的 5 个月后，德国政府曾试图阻止中国国家电网公司收购德国电网运营商 50Hertz 20% 的股份。德国政府先是尝试在欧盟寻找私人投资者，最终通过要求德国的国有银行——德国复兴信贷银行代表德国联邦政府进行投资，阻止了此次收购。同年，中国烟台市台海集团原计划收购 Leifeld Metal Spinning AG 公司，后者是一家专门从事航空航天和核工业的德国公司。在收到柏林阻止这桩交易的信号之后，台海集团在 2018 年年初不得不中止了竞标。但是，德国政府仍然在 8 月正式否决了这一潜在的收购，并由此向中国市场发出对中国投资干预越来越强的信号。

德国政府对外投资立场变得更加强硬，要求对本国人工智能、机器人技术、半导体、生物技术和量子技术等领域的投资超过 10% 就须进行披露，远低于平均公开信息门槛的 25%。

收购戴姆勒股权后，李书福的表现相较于并购沃尔沃时更低调。2018 年 4 月 5 日，戴姆勒集团在德国召开股东大会，也是吉利入股后戴姆勒召开的首个股东大会，但第一大股东李书福却并未现身会场。李书福只是向中外媒体表示，吉利收购戴姆勒的主要动机来自戴姆勒在电动化、智能汽车、无人驾驶汽车和共享出行领域的技术领导地位。戴姆勒的优势正好可以补足吉利和沃尔沃的不足。

李书福进一步解释了他对未来汽车行业发展的远见："21 世纪的全球汽车行业面临巨大创新机遇，也面临来自非汽车行业公司的挑战，各个汽车企业单打独斗很难赢得这场战争。为了主动抓住机遇，我们必须刷新思维方式，与朋友和伙伴联合，通过协同与分享来占领技术制高点。对戴姆勒的投资正是出于这种战略思考。"（Fang et al., 2018）

拥有沃尔沃收购经验的李书福，还试图减轻戴姆勒对吉利会影响其战略和管理的担忧。"我尊重戴姆勒的价值观和文化。我从未要求在监事会中占一席之地，这对我来说不是首要目标。"（Heller, 2018 年）事实上，李书福因为拥有最多的单一股份，是具有表决权的。

确实，实质性的合作才是关键。双方在不到两年的时间内，闪电式地在共享出行、电动化两大未来趋势业务板块落地合作。2018年10月，吉利宣布与戴姆勒在高端出行领域建立合资企业，创立高端出行品牌"耀出行"。2019年3月，双方建立合资企业推动smart向全球高端电动智能汽车品牌转型。

合资高端出行：
耀出行

吉利成为戴姆勒第一大股东之后，在中国开展了一系列的战略合作。高端移动出行网约车成为第一个突破。2019年5月，双方合资企业蔚星科技有限公司成立。吉利方面由浙江吉利控股集团的子公司吉利科技集团出任股东代表，戴姆勒方面则由其出行服务有限公司出任股东代表。双方在合资企业中各持50%股份，其总注册资本为人民币17亿元（约合2.5亿美元），注册于中国浙江省杭州市。吉利旗下出行平台——曹操出行的董事长刘金良担任其法定代表人。

吉利与戴姆勒先前均拥有出行行业的经验。吉利科技集团专注于在汽车生态系统中对清洁能源、创新技术和创新商业模式进行战略投资，有志成为中国MaaS（出行即服务）生态系统的主要投资者和运营实体。戴姆勒出行服务有限公司则是戴姆勒出行服务的控股公司，其业务范围主要包括Car2Go、Moovel和Ride4Hire等出行应用。

2019年12月，蔚星科技的出行服务在杭州正式启动。"耀出行"的首批服务团队包括梅赛德斯-奔驰S级、E级和V级车型的100辆车。

中国是全球最大的出行市场，预计未来几年内将持续实现两位数的增长。两家公司都制定了从汽车制造商发展为汽车服务商的战略，进行商业模式转型升级，以满足客户不断变化的需求。吉利和戴姆勒在中国的出行业务中也有互补之处。

吉利的子公司曹操出行到2022年4月在中国已扩展到62座城市，累计服务用户1.2亿人。从2018年到2019年，其部署的电动汽车从32 000辆增加到42 000辆，累计服务3100万名来自中国各地的注册用户，而豪华车市场依旧是其尚未完善的业务缺口（Automotive World，2019）。

戴姆勒在中国没有网约车业务，但曾开展过汽车共享业务Car2Go，且在中国是失败的。Car2Go于2016年4月在重庆启动，于2019年6月停止运营。尽管初期很有前景，最高注册用户达255 000人，但随后由于各种原因开始下滑，其中包括停车位问题、相较便宜汽车的竞争对手缺乏价格优势，以及在人口超过3000万的重庆市仅配备了800辆汽车，即其经营规模过小也是问题之一（Gasgoo，2019）。平庸的商业表现说明了戴姆勒在中国的出行领域竞争力不足，与其在全球的汽车共享业务中拥有的360万名会员形成鲜明对比。

戴姆勒在中国缺乏网约车服务也与其在全球的布局，包括与宝马的全球合作形成鲜明对比。由戴姆勒和宝马联合打造的名为FreeNow的智能城市出行计划在2019年的收入达到24亿欧元（27亿美元）（Nica，2019）。FreeNow的商业模式已从叫车服务扩展到私人租车、共享汽车、微型出行（如电动踏板车）等服务，甚至在某些城市还包括公共交通。FreeNow已成功扩展到除中国以外的130个欧洲和拉丁美洲城市。

可以看到，宝马在出行服务领域正在采取多项独立举措。2018年12月，宝马集团宣布在四川省成都市提供ReachNow服务，由其独资企业——宝马出行服务有限公司（2018年4月在成都注册）提供。该项服务为确保服务质量，在第一阶段投入了200辆配备专职驾驶员的BMW 5系汽车。这项出行业务是宝马高端汽车共享业务的延伸，于2017年12月在上汽集团与上汽集团下属子公司EVCard的合作下，投入了100辆BMW i3电动汽车。

值得一提的是，奥迪也在这一领域有所拓展。一汽奥迪的 OnDemand 业务于 2017 年 9 月在北京开始运营，这是第一个在中国启动叫车业务的豪华车品牌，其服务区域一开始集中在北京机场，而后增加了位于海南岛的机场。

基于以上分析，吉利和戴姆勒的合资企业既是两家公司前瞻性的主动战略选择，也是面对当前竞争激烈的形势采取的必要对策，其目标是共同开发支持中国业务所必需的软件基础架构。

截至 2022 年 3 月，耀出行已经在北京、上海、杭州、成都、西安开展运营，并进一步整合战略资源，包括与定制包机的打通，为高净值用户提供从门到门的服务，囊括用车、私人飞机及其他综合配套服务的一体化解决方案。

合资 smart：
迈向智能电动

smart 是吉利和戴姆勒合作的另外一个重要里程碑。smart 品牌全球公司成立于 2019 年，由梅赛德斯-奔驰股份公司和吉利汽车集团持股，双方在研发、制造和供应链等领域发挥协同效应，致力于将 smart 打造成全球领先的新奢纯电汽车科技品牌。全新一代 smart 纯电汽车由梅赛德斯-奔驰全球设计部门负责设计，smart 研发团队主导工程研发，产品阵容扩展到更多的细分市场。首款纯电 SUV 计划于 2022 年投放市场并销往海内外。为增进全球化运营布局，smart 同时在中国及欧洲设立营销中心。

2022 年 2 月，smart 的第一款新车，全新 smart 精灵 #1 顺利通过了一系列严苛的空气动力学和冬季极寒测试。2022 年 4 月 25 日，在全新 smart 精灵 #1 亚洲上市发布会上，smart 品牌全球公司 CEO 佟湘北表示，作为全球首个全面从燃油车转向纯电动汽车的品牌，smart 在 2019 年停售燃油车并在 2020 年年初与吉利组建合资公司后，终于"重生"。

智马达

智马达汽车有限公司是 smart 的落地企业。2020 年 1 月，浙江吉利控股集团和戴姆勒股份公司宣布各占股 50% 成立合资企业，双方分别以 27 亿元人民币（约 3.888 亿美元）的等额投资，共同将 smart 品牌提升为"新奢智能纯电汽车品牌"。该合资企业将持有、运营并进一步开发于 1998 年成立的 smart 品牌（Li, 2019），其中汽车的总体设计由戴姆勒的全球设计部门负责，工程设计、研发和制造主要由吉利的全球研究中心负责，供应链则由双方共同发展。

合资公司的董事会由六名高管组成，双方各三名。戴姆勒董事代表包括戴姆勒公司管理委员会成员、负责大中华区的唐仕凯（Hubertus Troska），戴姆勒公司和梅赛德斯-奔驰公司管理委员会成员、负责市场和销售的布里塔·席格（Britta Seeger），戴姆勒公司和梅赛德斯-奔驰公司管理委员会成员、负责集团研究和梅赛德斯-奔驰汽车开发的马库斯·谢拂（Markus Schäfer）；吉利董事代表包括吉利控股董事长李书福，吉利控股总裁、吉利汽车集团总裁兼首席执行官安聪慧以及吉利控股执行副总裁兼首席财务官李东辉。

合资公司任命佟湘北为 smart 合资公司全球 CEO，统筹市场、销售、研发等 smart 品牌所有业务模块，向 smart 合资公司董事会汇报。佟湘北在汽车行业有超过 20 年的从业经验，曾在中国和美国等地多个世界领先的汽车公司任职。

戴姆勒公司和梅赛德斯-奔驰公司管理委员会主席康林松（Ola Kallenius）曾表示："在经历了几个月的准备并获得了所有必要的监管批准

后，我们已准备好与我们的合作伙伴吉利开始经营合资公司，目标是把下一代零排放 smart 电动汽车推向中国和全球市场。我们期待以为全球客户提供理想的产品和服务为目标进行长期合作。"（Daimler，2020b）

李书福表示："smart 品牌具有独特的价值和全球影响力，已成长为城市交通领域的领导者。吉利控股将通过其在研发、制造、供应链管理和其他领域的全面优势，为合资企业提供充分的支持，以保证 smart 在中国和全球范围内的增长。我们将与梅赛德斯-奔驰合作，将 smart 品牌转型为城市高端电动互联汽车领域的领导者，以助其释放全球潜力。"（Daimler，2020b）

smart 的制造工厂位于陕西省西安市。西安是中欧班列"长安号"的起点，这趟国际联运列车连接着哈萨克斯坦、俄罗斯、白俄罗斯、波兰、德国、荷兰、乌兹别克斯坦、吉尔吉斯斯坦和土库曼斯坦，其优越的地理位置正是工厂在此选址的主要原因。工厂建设计划于 2020 年完成，随后将进入测试、试生产以及工程检查阶段。这与在 2022 年将电动 smart 汽车推向市场的计划保持充分一致。该工厂包括四个常规功能——冲压、焊接、喷涂和组装，并配备辅助管理中心、物流中心、员工住房和辅助区域以及其他设施，基地还将同时集成数字化、自动化、智能和易展技术。工厂计划年产能为 60 万辆，将分几个阶段实施。其中，第一阶段的建设其实早已于 2017 年 11 月开始，比合资企业的正式宣布要早两年多，其计划年产能为 30 万辆，实际生产目标为每年 15 万辆。戴姆勒的所有电动车型的生产始于 2006 年，此后其小批量销售了四代电动车型，其中，smart 的 Fortwo 和 Forfour 车型是重点车型，而合资企业计划将这一产品梯队进一步扩展到覆盖中国快速上升的 A+ 和 B 级车市场。

基于吉利平台

新型电动 smart 汽车计划基于 PMA 平台，确切地说是吉利的浩瀚 SEA

架构（该架构于 2020 年 9 月发布，在先前的 PMA2 平台基础上叠加了更多软件和智能化应用层面的内容。从一个单纯的车型研发平台，升级成为一个综合架构、一个开放包容的生态，乃至一个全新的商业模型），实现批量生产和销售。PMA2 平台属于吉利和沃尔沃的共同资产创造，标志着吉利的反向技术转让。在未来，深入研究这个项目中三家公司（吉利、沃尔沃和戴姆勒）之间的协作机制和知识产权界定问题将很有意义。在现阶段，吉利展示了其在不同品牌（尤其是沃尔沃和戴姆勒）中实施电动汽车平台战略的能力。

戴姆勒董事长迪特·蔡澈（Dieter Zetsche）对新成立的合资企业很有信心："这是 smart 品牌历史新篇章的开始，即新车型、新细分市场以及新增长的开始。"（Li，2019）在这段话的背后，是自 1998 年与斯沃琪（Swatch）集团合作以来，一直处于危急关头的 smart。从那时起，smart 就从未盈利。到 2013 年，其累计亏损额约为 46 亿美元，或每辆车亏损约 6100 美元（Edelstein，2013）。戴姆勒没有发布过单独的 smart 年报，但不同的分析预测其年亏损在 5 亿~7 亿欧元（5.60 亿~7.85 亿美元）之间。到 2019 年，smart 不再在美国出售 Fortwo 车型，而据德国《商报》，当时刚上任的首席执行官康林松表示，"在必要时杀死该品牌没有丝毫顾忌"（里德，2019）。

吉利的新伙伴可以受益于吉利卓越的成本控制能力、PMA 共享平台以及其在中国的营销能力。从戴姆勒投资者的角度来看，这家合资公司或可以帮助戴姆勒将 smart 的损失减半。通过推出具有更丰富产品组合和更具价格竞争力的新型 smart 汽车，即使只能做到收支平衡，也意味着戴姆勒每年可以节省 5 亿~7 亿欧元（5.60 亿~7.85 亿美元）的支出，这将极大改善 smart 汽车在过去几十年的经营状况。

2020 年 7 月，智马达（smart）汽车有限公司的全资子公司——smart 欧洲公司在斯图加特成立，其目标是在欧洲市场上供应、销售纯电动 smart 汽车并提供服务。公司六个核心管理者中有两位来自中国，分别担任首席执行官和研发副总裁一职；戴姆勒方面则派出四位高管，分别担任销售、市场和售后副总裁，技术研发副总裁，财务副总裁和首席财务官。其中首席执行官和首席财务官或在smart，或在戴姆勒，或在戴姆勒（中国）曾有供职经验。

对吉利来说，在戴姆勒的支持下，smart汽车在全球范围内的品牌资产将有利于吉利在电动汽车领域的多品牌战略，与诸如吉利几何之类的新品牌相比，smart汽车较强的定价能力可以确保吉利在中国市场和全球市场盈利。

本课小结

纵观吉利汽车近十几年的发展史，就是一部收购史。本课重点分析吉利如何通过复杂的金融架构、股份收购的方式，既绕开了德国的产业政策壁垒，又实现其成为戴姆勒第一大股东的战略构想，对于众多还停留在干实业阶段的车企，具有重要的战略布局启示。

吉利通过资本运作，将海外资产收入囊中，再利用中国制造和中国市场的杠杆，做大规模，然后再到国际资本市场融资上市，实现技术升级、品牌价值提升、全球市场扩容的良性循环。在目前中国汽车出海的大背景下，吉利汽车的全球化战略，尤其是资本运作战略，让吉利获得了"先手"。

理论探讨：
跨境并购资本运作模式选择

通过跨境并购获得国际市场和技术，利用中国的国内市场、制造业和产业链优势，然后通过资本市场获得超常规的发展，这是吉利发展的一个重要模式。而在新冠疫情影响、俄乌冲突、全球产业链重塑等多重因素叠加之后，中国企业海外并购的路径也在不断进行调整。

对外直接投资（Outward Foreign Direct Investment，OFDI）可以分为绿

地投资与跨境并购，绿地投资是新设建厂，跨境并购则是企业收购目标国的企业的所有或部分股权的直接投资。由于跨境并购的资本运作属于实操层面，因此没有太多的学术文献，相关书籍也主要由实操人士撰写（Whitaker，2018）。

如果企业希望做战略性跨境并购，可以选择自己直接投资，或者与私募股权基金共同去投资，以达到直接参与被投企业的经营管理的目的。具体而言，这类中国企业有明确的跨国战略，希望通过并购海外企业，获得重要的品牌、技术、资产、市场等，收购方与并购方的业务希望具有协同效应（例如，吉利收购沃尔沃），或者希望借助被收购企业进入一个新的产业领域（例如，美的电器收购德国的库卡机器人，复星收购法国地中海俱乐部），并且企业还希望通过控股获得主动权和主导权。有资金实力，熟悉标的所在国家的市场，并有并购经验的企业可以选择直接投资。当然，这种方式还要求收购方具备投后管理和监管的能力。如果是不属于上述情况的中国企业，可以通过与基金合作投资，因为合适的基金伙伴不仅可以提供资金支持，还可以提供其在海外地区的资源更好地帮助中国企业整合后续的交易。

中资企业跨境并购的资金从何而来

中资企业跨境并购的资金运作方式和流向也是实操层面的重要话题。目前，中资企业跨境并购的资金来源最主要的是银行系统，银行在跨境并购中综合运用债务融资、权益融资、混合型融资等多种工具，以标的公司现金流、资产、分红、股东贷款等支持偿还债务，为并购企业提供资金支持。不仅是中国的国有银行，境外银行也积极为中国企业提供高杠杆融资，不少大型交易还通过国债市场进行融资。例如：中国化工以86亿美元收购倍耐力轮胎，其中73亿美元由摩根大通融资；中国化工以430亿美元收购先正达，由国内外17家银行组成的财团提供融资，其中约330亿美元为债务融资；

腾讯以86亿美元收购游戏开发商Supercell，其中35亿美元是国内外多家银行提供的贷款（麦肯锡，2017）。

2016年11月底，我国加强对外投资监管，大幅度收紧资本外流管制。当月，国家外汇管理局推出新规，资本账户下超过500万美元的海外支付，包括组合投资或海外并购等直接投资，必须上报市外汇管理局批准，并适用于之前已经获批的大型投资项目尚未转账的外汇部分，而原来的报批限度是5000万美元。这一政策限制了中国企业通过中资银行系统的跨境并购融资。

中国的跨境并购依然处于起步阶段，企业与基金联合投资的模式也在逐步发展的过程中。国内外基金正帮助有投资意向却缺乏资金的中国企业进行境外收购，中国基金也积极投资处于发展初期的境外公司。

最近十年，中国企业对于境外资本市场平台也有了越来越多的认知与了解，开始通过跨境资本运作推进跨境并购和资源整合。在美国市场，可以运用美股平台进行资本运作收购美国上市公司，即在纽约证券交易所、纳斯达克交易所等公开市场上市并进行交易的公司。具体操作方法包括私人投资公开股票（Private Investment in Public Equity，PIPE）定增、大宗交易、增发股票（Follow-on Offering）、发行美元债、换股收购等。此外，上市公司可通过与其他上市公司进行谈判后签署转让协议，购买目标公司的全部或部分股权。敌意收购虽然操作难度极大，但也是境外资本运作的一种方式（在必要的情况下）。此外，境内外上市公司可以与私募股权（Private Equity，PE）机构组建境外美元并购基金（包括一些专项共同投资者基金），设立之后可以通过美元基金收购优质资产装入上市公司（程博，2018）。

第 9 课

企业文化：
从老板文化到因快乐而伟大的集体文化

　　企业文化是现代企业的精神支柱。"基业长青，做百年企业"，大多数企业家都有这样的理念，但要做起来非常困难，因为这需要良好的企业文化。

　　企业文化是现代企业管理中的一个重要概念，包括一个公司与众不同的价值观、组织行为方式、传统和理念。和大多数浙江企业一样，吉利文化一开始就是老板文化，老板就是企业，企业就是老板。

　　不同之处在老板。李书福从一开始就下决心转型为现代企业制度，企业文化也从老板文化转变为集团文化。在公司阔步迈向全球化之后，李书福的格局更高了，核心企业理念也得到了极大的加强。吉利从"造老百姓买得起的好车"到"造最安全、最环保、最节能的好车"和"造每个人的精品车"，尽管其愿景和使命随着时间的变化不断演变，但吉利在面临严峻挑战时对创新的不懈追求，以及组织的灵活性和适应性却始终如一。这些核心文化价值观不仅确保了吉利早年的生存发展，也将对其未来增长和从传统汽车制造商向全球移动技术企业、服务提供商的战略转型产生持续的积极影响。

如图9-1所示，本课将先对吉利作为全球新兴车企的使命、愿景、核心价值观等企业文化的核心理念进行梳理，然后再讨论吉利在全球化的进程中面临的跨文化管理实践，并以此证明一个企业的文化基因将决定一个企业能否成为百年企业。

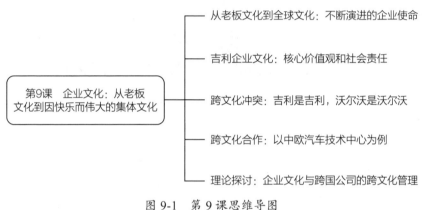

图9-1 第9课思维导图

吉利的企业文化深深地烙印着浙商文化和李书福的个人品质，实现了一个中国草根企业家将一个区域性民企发展为全球性企业的宏伟蓝图。从"一个老板的文化"到全球企业文化，吉利文化的内涵和企业使命也在不断地演进。

在吉利从一家民企发展为上市企业，再到收购沃尔沃之后成为一家跨国公司的过程中，吉利的组织架构发生了巨大的变化，吉利的企业文化也实现了从最简单的老板文化演进成现代企业文化，从扎根中国的企业文化迈向东西方企业文化的兼容并蓄。

近年来吉利致力于企业使命和价值观的升级提高，在"奋斗文化、问题文化、对标文化、合规文化"四大文化体系的基础上，形成吉利自己的企业文化纲要。随着步入新的战略发展阶段，在"造每个人的精品车"和"科技4.0时代"的理念指引下，吉利大力发展企业文化，明确企业愿景和核心价值观。通过定义和认可共同的使命，吉利逐步将集团旗下所有子公司联合在一起，致力实现一个共同的目标：将吉利打造成全球汽车行业的知名汽车制造商和技术领导者。

在管理理念上，吉利企业文化的发展和公司的成长在很大程度上得益于李书福的领导。在跨文化管理方面，李书福遵从美美与共的人生哲学，而这种对世界上其他文化的尊重和欣赏也清楚地反映在吉利收购沃尔沃之后的整合管理上。尽管两家公司拥有非常不同的企业文化，但在吉利的"放虎归山"战略支持下，沃尔沃将中国作为其第二个本土市场，在此积极开展业务，并在短短几年内迅速扭亏为盈。

企业文化的差异，也可以通过多种方式缩小。企业文化的差异，甚至可以成为公司间相互学习的动力。吉利通过与沃尔沃共建吉利中欧汽车技术中心，促进了互惠学习和联合创新，最显著的成果就是CMA中级车基础模块架构平台的打造（Yakob et al., 2018）。自2010年成功收购沃尔沃以来，吉利应对全球汽车行业挑战的灵活性，也对这家老牌的瑞典汽车制造商产生了深远影响，沃尔沃的产品创新速度明显提升，并正在从并购之初的一家以瑞典为核心的品牌成长为全球性企业。2020年，沃尔沃的全球销量相比2010年翻了一番，而在中国的销量则是原来的5倍。当然，沃尔沃积极追求安全技术和社会责任的坚定承诺，也帮助吉利重塑自己的企业使命：造最安全、最环保、最节能的好车。

从老板文化到全球文化：
不断演进的企业使命

2021年7月，吉利汽车发布了全新的品牌价值主张——"因快乐而伟大",将"好开、好安全、好吉利"的"三好吉利"作为品牌价值,并实现"让世界充满吉利"的公司愿景。

当时,李书福对此做了进一步的阐述:"快乐人生,吉利相伴"不仅仅是吉利的商业理想,更是对科技无限发展与世界和平繁荣的美好祝愿。"因快乐而伟大",是吉利35年发展沉淀出来的品牌主张,吉利将坚持为每一个吉利用户、员工和合作伙伴创造快乐、成就伟大,让人人"因快乐而伟大"。而吉利的产品,更是要为用户创造无比快乐的出行体验,车不仅要"好开",还要"好安全",更要让人们的生活"好吉利"。

吉利的成立发展和诸多成功浙企的发展路径相似,吉利的企业文化也是浙商精神的代表。

浙商文化就是自强、坚韧、务实、开拓的精神,而李书福本人就拥有热爱冒险、乐观主义的个性特点。吉利造车之初可以说是两手空空,但李书福天生就有浙商"敢为天下先"的精神。作为"汽车疯子",其"汽车就是四个轮子加一个沙发"的豪言壮语充分体现了他在商业上的乐观主义,李书福也没有因为汽车业界人士描述的高资金和技术壁垒而打退堂鼓。

吉利一路的发展与浙江占改革开放先机、鼓励民企发展的大背景有关。当时,浙江冒出了很多民企,"老板"是最先进入市场的企业家代名词。但是当时的民营企业很难通过银行贷款获得流动资金。和其他浙商一样,吉利早期的发展在相当程度上依赖于亲戚朋友和企业老板之间相互的资金支持,大家一起在一个区域做产业集聚。吉利虽然是龙头企业,但上下游企业之间的股份关系错综复杂,相互参股是普遍现象,老板是企业一切运行的核心,老板文化就是浙商最早的文化,吉利也是如此。

2005年,吉利在香港股票交易所借壳上市。为了实现资本化,李书福根据上市的要求理顺了公司的股份关系。通过上市,李书福深刻认识到专业化、知识化、决策科学化以及管理民主化才是现代企业制度的核心,也是公司基业长青、可持续发展的根本。基于这样的理念，李书福任命资深汽车人柏杨为吉利汽车有限公司的首席执行官，这标志着吉利从家族企业向现代汽车制造企业的转变。

现在，李书福已经开始卸任吉利旗下多家公司的董事长和董事等职务，吉利已经成为一个规范化的现代企业。

造老百姓买得起的好车

吉利汽车最初的使命是在中国"造老百姓买得起的好车"。这项正确策略确立了吉利的市场地位，并确保其作为后来者能够在激烈的市场竞争中生存下来。

造最安全、最环保、最节能的好车

在发展初期进行了一些逆向学习和技术追赶之后，吉利找到了自己的立足点并积极重新定位，于2007年发布了《宁波宣言》，标志着公司从低成本生产竞争策略向以技术创新、质量、品牌和为消费者提供增值服务的战略转型，在汽车行业多元化方面逐步向中上游移动。因此，吉利进一步修订其企业使命，为大众"造最安全、最环保、最节能的好车"。

造每个人的精品车

在成功收购沃尔沃汽车后，2014年吉利又重新定义了自己的企业使命，即"造每个人的精品车"，这意味着为每个消费阶层打造物有所值的优质汽车产品。而2020年吉利更是高调宣布了从此前的3.0精品车时代进入科技4.0时代，象征着吉利汽车将迈入全新的年轻化、科技化、全球化战略时代。

让世界充满吉利

在并购沃尔沃等多个国际品牌之后，吉利努力把自己打造成一个具有前瞻性的世界汽车制造商和技术领导者。

李书福曾于2014年阐述了吉利的现代企业文化："我所说的全球型企业文化是指跨越国界、跨越民族、跨越宗教信仰，放之四海皆受欢迎的企业形态。这种文化有利于人类文明进步、幸福快乐，有利于企业创新、创造及全球适应能力的发展，具体体现在用户满意度高、员工自豪感及企业创新能力强、管理层成就感大、文化适应性广、企业整体全面可持续发展。这种文化极度开放兼容，极具远见卓识，能够积极承担企业公民责任，勇于挑战科技高峰，勇于探索商业文明，充分体现依法、公平、透明、相互尊重的企业治理理念。"在这一信念的引领下，吉利相应地勾画了"让世界充满吉利"的企业愿景。公司使命为"战略协同、推动变革、共创价值"，并以"快乐人生、吉利相伴"为口号，其核心价值观包括"团队、学习、创新、拼搏、实事求是和精益求精"。

吉利的工作文化：奋斗文化、问题文化、对标文化和合规文化

李书福十分重视企业文化建设，很早就确定了"以人为本，以文化带动企业发展"的管理理念。他认为："所谓企业文化，就是企业在长期的生产、经营、科研、管理等过程中自然生成的传统理念、精神，或者说企业全体员工都已习惯的工作方式，也可以说是长期形成的企业风气。"

《吉利企业文化手册》是吉利在公司使命和愿景的基础上对文化执行力的落实，其由两部分组成。一是包含哲学体系、实学体系的《吉利企业文化大纲》，比如"智慧"是基础："智"为知道，明白世间很多道理；"慧"则是存善根，留善念，扫除心中的阴暗、邪恶。二是包含文化理念、经营管理、问题文化、质量、研发、采购、制造、党建等的《吉利辞典》。

奋斗文化、问题文化、对标文化和合规文化这四大文化是吉利最基层的可执行的文化体系。正是这样的一个高中生就可操作、可理解的文化让吉利将员工凝聚在一起。奋斗文化是指"以用户为中心,以结果为导向,追求卓越,持续创造价值"。问题文化是指"发现问题是好事,解决问题是大事,回避问题是蠢事,没有问题是坏事"。对标文化是指"动态锚定目标,善于越级对标,勇于积极立标,引领行业创标"。合规文化是指"合规创造价值,合规人人有责,领导带头合规,全员主动合规"。

在实践中,吉利设计并不断实施了解决问题的质量管理系统,多年来为提高员工的主人翁精神和生产业绩做出了积极贡献。另外,吉利还有一个独特的元动力工程。李书福说,元动力的元是元气的元,企业像人一样有元气。企业的元气不是企业的董事长、总经理,也不是厂房、设备、固定资产,而是员工的心。他说,谁伤害了员工的心,谁就伤害了企业的元气。元动力工程的核心思想是领导为员工服务,部门为一线服务,员工考核领导,一线考核部门。

吉利企业文化:
核心价值观和社会责任

面对国内外市场激烈的竞争,吉利认识到企业文化作为现代企业精神支柱的重要性,并致力于推进企业使命和价值体系的确立和发展。求真务实、拼搏进取、协作创新是吉利企业文化的核心价值观。

创新文化

吉利的企业理念中最引人注目的是创新文化。

李书福表示:"我们要持续推动科技创新,使各业务单元始终充满生机并保持竞争优势,这是我们发展的'核心引擎'。"创新文化包括社会创新和技术创新,吉利通过技术创造更好的产品和服务,努力推动和创造每个人的价值,使人们的日常生活更美好、更方便。

创新,是吉利的灵魂。在吉利,人人都是创新者,这种创新的精神已经渗透到每一个车间、每一条流水线、每一位员工。在勇于创新的氛围中,参与创新的就不仅仅是研发人员,每一个人都可能成为创新者。吉利推行全员合理化建议活动,每年都有一批有激情、懂技术、懂管理、有智慧的员工提出超过2000份合理化建议,其中超过六成被采纳,为公司创造持续的经济效益。

通过全员创新,吉利掌握了发动机等汽车核心生产能力,为吉利参与全球汽车市场的竞争打好了基础。专利是衡量企业科技含量的一个重要标准,数据显示,吉利仅在2019年就获得了333项专利,其中国际专利27项,国内外商标申请了1552项,软件著作权申请了61项。公开数据显示,截至2020年6月30日,吉利汽车共承担多项国家、浙江省及宁波市研发计划,吉利及其控股子公司获得多项国家级、省级科技进步奖,拥有境内授权专利9241件、境外授权专利91件,其中,境内授权发明专利达2097件。

而在特斯拉推动的电动汽车以及全球新的科技发展趋势之下,吉利还通过收购等方式进入智能手机、大数据、人工智能等领域,开始构建自己的全球智能生态系统,将不同的产品和服务整合到汽车互联网中。通过推动创新技术的发展,吉利已将自己的定位从传统的汽车制造商开始向全球移动技术企业进行战略转型。

可持续性发展

从我们研究的视角看,可持续性发展是吉利文化价值体系的另一个支柱。

吉利坚持走绿色之路，做环保企业，努力在减排和节能方面以实际行动确保企业的可持续发展。吉利汽车是中国最早从事电动汽车、混合动力汽车研发的汽车企业之一。

吉利的长期目标是大规模生产零排放纯电动汽车，旗下所有品牌都致力于未来产品的电气化。企业社会责任的核心是致力于建设绿色工厂和生产线，发展节能汽车。

目前，吉利已经在电动汽车方面成为中国和全球最重要的企业之一。除此之外，吉利还在混合动力车、甲醇汽车技术等新能源的开发和推广上进行了大量投资，旗下的伦敦电动汽车公司已成为全球城市交通领域零排放汽车的先驱。

目前，吉利汽车在智能汽车领域发展方面十分活跃，推出了人性化智能驾驶的理念，力求采用先进的技术，让乘员出行时更安全、更方便。未来智能汽车是吉利的目标，为此，吉利在汽车芯片的设计方面投入了巨大的力量，吉利的智能座舱芯片"龍鷹一号"是中国国内首颗7纳米车规级芯片。

造最安全、最环保、最节能的好车

吉利汽车的企业价值体系在收购沃尔沃之后有了明显的升级，其中最重要的变化源于沃尔沃的安全理念对吉利产生的深刻影响。无论是不是沃尔沃的车主，当问及对沃尔沃的品牌认知时，"安全"通常是第一个被提及的词。沃尔沃于1959年发明三点式安全带，并将此专利无偿供全行业使用。之后，沃尔沃更是不断追求安全的新境界，从被动安全到主动安全，并将完全避免伤害作为新的愿景。

按照"造最安全、最环保、最节能的好车"的愿景，吉利大幅增加了在汽车安全、动力系统技术、车内空气质量等领域的技术创新和投资。

受沃尔沃安全技术创新成就和消费升级业绩的启发，以安全为核心价值,吉利希望树立新的行业标杆,将以人为本的安全理念延伸到"全方位安全"的设计概念中,涵盖被动、主动、行人、环境、信息、财产和高压电力等各方面安全事项。以此为基础,吉利还开发了交通事故调查评估、事故场景重构、主动安全测试和自动驾驶虚拟场景数据库等安全模块。

全面的企业社会责任战略

吉利从2012年开始发布年度企业社会责任(Corporate Social Responsibility,CSR)报告,积极履行企业社会责任。企业社会责任战略,即环境、社会和管理(Environmental, Social, and Governance,ESG)战略是企业的核心支点。作为一家全球性现代化企业,吉利近年来也制定了全面的社会责任战略,其主要举措涉及产品、经济、环境、社会领域,通过这四个领域,吉利将汽车与世界连接起来,致力于给消费者带来美好生活,为社会的可持续发展做出贡献。

员工幸福是企业社会责任中最重要的部分。在中国提倡共同富裕的大背景之下,2021年,吉利制订了公司共同富裕计划,发布了共同富裕计划行动纲领。李书福表示,推进共同富裕建设是企业义不容辞的社会责任,吉利要为浙江省高质量发展建设共同富裕示范区贡献力量。在具体的执行中,吉利通过完善和实施包括全员收入增长计划、全员家庭健康保险计划、全员职业提升计划等一系列举措,实现员工共同富裕。作为该计划的一部分,2021年8月底,吉利汽车董事会批准了3.5亿股额度的股权激励计划,向逾万名员工授予1.67亿股,每股授予价格不到2分钱,网友直呼"这才是中国好老板"。

吉利还推出了吉利感恩基金和奋斗基金,让更多的普通劳动者分享企业经营成果,收获尊严,成就梦想和幸福。

投身精准扶贫、社会公益和慈善服务是吉利企业社会责任的具体表现。在"让世界感受爱"的愿景引领下,吉利的企业社会责任主要聚焦教育和环保，涵盖教育、扶贫和支持弱势群体三大公共利益领域。

公司的具体行动包括：

（1）"吉时雨"项目：总计投资近7亿元，帮扶10省20地建档立卡户30 000余人次，通过改善教育、创造就业机会、帮助农村地区发展可持续的农业合作企业来扶贫。

（2）"绿跑道"项目：旨在帮助全国贫困地区的优秀学生获得公平的教育和发展机会；吉利汽车与爱同行慈善系列活动，通过与爱心慈善基金会合作，向西部地区人民提供帮扶。

（3）伦敦电动汽车公司的"神奇之旅"：将生病的孩子带上童话般的旅程，前往他们梦想的魔法王国。

李书福设立了"李书福公益基金会"，致力于慈善和社会公益事业，吉利近年来在扶贫、救灾、医疗、教育等领域开展了多项活动，面对2020年的全球新冠疫情，吉利还设立了2亿元人民币的专项资金，积极支持对新冠病毒的防治。

吉利控股和吉利汽车都很重视ESG工作，2021年5月，吉利的首份ESG报告发布，并从对利益相关方的重要性和集团发展的重要性两个维度明晰地列出了ESG议题矩阵（见图9-2和图9-3），将出行安全、质量管理与控制、客户服务与满意度、研发与技术创新、应对气候变化、员工权益保障与关爱等作为"非常重要"范畴。

2022年6月27日，吉利控股发布的2021年可持续发展报告中首次披露了2045年实现全链路碳中和目标。2022年上半年，吉利汽车实现总销量61.4万辆，其中，新能源板块销量占比增加14.4个百分点至17.9%，相较于上一年有较大幅度的提升。目前，吉利汽车获选为"恒生ESG 50指数""恒生企业可持续发展基准指数"成份股以及"富时社会责任指数系列"成份股，并在"香港企业可持续发展指数"中位列恒指成份股前20位，由

"表现者"提升至"成功者"。

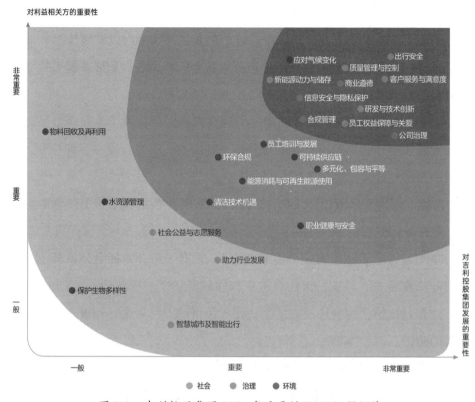

图 9-2　吉利控股集团 2021 年重要性 ESG 议题矩阵

资料来源：吉利控股集团 2021 可持续发展报告，第 14 页。

跨文化冲突：
吉利是吉利，沃尔沃是沃尔沃

作为一家新兴的全球化现代企业，吉利也面临着跨文化管理的巨大挑战。自 2010 年收购以来，吉利对沃尔沃的整合与跨文化合作已成为商学院的一个成功案例。在吉利和沃尔沃团队的合作中，中国文化的开放融合和避免正面冲突的行事风格，降低了文化差异带来的负面影响，并逐步将两种看似矛盾的文化体系融合在一起。

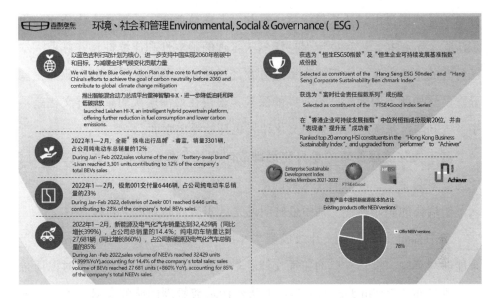

图 9-3　吉利汽车 2020 年重要性 ESG 议题矩阵

资料来源：吉利公司官网。

在收购初期，吉利和沃尔沃之间的文化差异十分显著。由于北欧文化的优越感与失落感，这个巨大的文化挑战中的一部分源于一个基本事实：沃尔沃汽车被公认为是瑞典乃至北欧地区典型的国家形象代表之一，是瑞典成功的经济和社会模式的象征，而这种模式也深深植根于瑞典的历史和经济体制中。被并购方过往的优越感与失落感并存，但又无法放在桌面上说，只能间接地从 2010 年到 2011 年当地媒体的宣传中感受到沃尔沃以及相关的社群及当地公众的感受。当时的瑞典媒体的宣传中不乏质疑这次并购的负面态度，这与沃尔沃被福特收购时的媒体反应有鲜明的差别。

吉利是吉利，沃尔沃是沃尔沃，让两种文化平行并存。2010 年收购完成后，李书福首先被当地媒体问道："我们为什么要把沃尔沃卖给你？"李书福说了简单三个词——"I LOVE YOU"。时任沃尔沃汽车中国区董事长的沈晖也在场，他感受到当地媒体和沃尔沃的人对李书福的低调、谦逊、质朴表现出认可的态度。李书福对外宣布"吉利是吉利，沃尔沃是沃尔沃"，充分给予管理层自由,让沃尔沃自由行驶。上述简单明了的表达,让公众和沃尔沃吃了定心丸。吉利决定保持沃尔沃管理的独立性和连续性,并尊重沃尔沃特有的企业文化,之后用渐进的方式处理沃尔沃与吉利之间的企业文化差异。虽然如此,但随着公司业务的深入,很快在最深层次的东西方文化差异中,吉利与沃尔沃之间的公司文化差异也开始浮出水面。

基于文化底层逻辑的差异化品牌战略定位分歧。尽管李书福在并购后成为董事会主席,但依旧在早期的诸多重要问题上,无法将自己的意见"植入"给瑞典的职业高管,其中最鲜明的是沃尔沃的品牌定位问题。

李书福希望将沃尔沃升级成豪华车品牌,提高沃尔沃的品牌溢价,未来能够与奔驰、宝马、奥迪正面交锋。然而,该战略布局受到了当时以斯蒂芬·雅各布(Stefan Jacoby)为首的沃尔沃瑞典管理团队的反对。他们认为沃尔沃的设计理念是原创,沃尔沃的定位应该是高端车,而不是豪华车。当时沃尔沃的总裁兼首席执行官雅各布在接受英国 *Autocar* 杂志采访时表示:"我们不要去谈什么高端……那听起来像是一种定价策略,给产品打上一个昂贵的标签。我们需要专注于北欧优雅的简约风,这是我们的独到之处,而不是要去复制我们的竞争对手。"

李书福希望的沃尔沃的豪华车定位与瑞典文化存在着根本性的差别,要理解沃尔沃的品牌定位,就离不开对瑞典特有的斯堪的纳维亚文化的理解。在瑞典,有个詹代法则(Law of Jante),强调坚持低调和集体价值观,倾向于将个人行为与社区的共同价值观相协调,避免个人主义和会带来任何社会分歧的态度。这种文化深深植根于瑞典的传统和新教价值观,提倡俭朴的生活方式,并建议避免或限制富人展示奢侈品,炫富行为不会得到瑞典社会的尊重和认可。詹代法则正是斯堪的纳维亚重要的文化价值观。

如果理解了詹代法则,就不难领会瑞典沃尔沃汽车设计风格的精髓。瑞典的这种文化与中国和美国的文化形成了强烈的反差。在中美市场,豪华汽车不仅在安全性、节能和稳定性方面被广泛接受,还受到高收入人群和新兴社会群体的高度欢迎。因此,当吉利成为新股东之后,与瑞典高管团队就沃尔沃的品牌新定位产生的强烈冲突鲜明地体现了两者间的文化冲突。

令人欣慰的是,2015年上市的沃尔沃XC90,体现了李书福提出的"斯堪的纳维亚式豪华",这也是在并购后,双方团队经历了三四年磨合之后的折中成果。该车由沃尔沃汽车集团高级设计副总裁托马斯·英格拉特(Thomas Ingenlath)引领设计,既沿袭了沃尔沃的品牌设计核心元素,也融入了豪华与高科技元素。该车的成功推出,可被视为一种跨文化悖论,供学者进一步讨论研究,也可被视为动态互动和文化交融的结果。

以技术与产品驱动主导,还是市场驱动为主导? 欧洲和瑞典的工程师长期以来以开发卓越产品为驱动力,致力于基于公司愿景的持续的技术优化和最佳产品打造。具体到沃尔沃,基于平台的产品开发属于一种前期资金与技术投入巨大、需要多年才能收回投资的商业模式。中国的企业文化更多的是重点考虑以市场和用户为驱动的同时降低成本以获得商业成功。在吉利(以及类似的竞争对手,例如比亚迪、长城等),中国的工程师被要求快速通过逆向工程对外国的畅销车型进行复制,并叠加部分造型的创新,向市场快速推出新产品。

整车厂如何对待供应商? 沃尔沃文化侧重和一线供应商的产业合作和协同设计,以谋求中长期共同发展。沃尔沃注重供应商体系的打造,以供应商体系能够自发地、快速地根据市场需求应对变化为目标,整合研发、销售、市场和售后服务,避免各自为战的局面,并将品质管理融入体系的各个环节。吉利从建立之初就打造了低成本文化,这种文化后续不断升级、变化,成了公司DNA的一部分。在并购沃尔沃之前,吉利更倾向于向供应商施加较大的压力以降低成本。同一零部件的供应商通常有两个或两个以上,对供应商实施动态管理,技术领先的供应商如果无法达到吉利的成本要求,就会被成本更低的供应商取代，此外，吉利还会通过更长的账期实现资金流对成本的贡献。

内部部门合作还是竞争？吉利和沃尔沃之间的另一个跨文化挑战是内部竞争问题。我们观察到，狼性文化或者赛马机制是不少领先的民营企业采用的管理模式。在吉利，李书福将"赛马不相马"的理念制度化。吉利确立了以岗位的"资格、资历、资质"要求为基础的"三资"管理体系，完善了员工从技术、管理、技能和经营等方向发展的四大通道，为员工发展搭建了成长的平台，并形成了赛马机制，也形成了物质激励为基础、精神激励为导向、晋升激励为支持的综合激励模式。吉利通过"三资"管理体系进行人力资源开发与使用，实现了"相对稳定、动态平衡、优胜劣汰"，最终达到量才而用、人尽其才、人岗匹配的目标。在并购沃尔沃之前的2002年到2006年期间，吉利多个技术中心、研究院、工程院等带有研发色彩的多个机构分散在吉利各个生产基地，并分别与韩国、德国、意大利等国的企业基于车型开展合作。这种赛马机制的文化，延续到了今天。在瑞典开发了CMA平台之后，在中国开发BMA平台时分别使用了两个研发团队。这种内部竞争在欧洲和瑞典鲜有所闻，他们认为内部合作才应该是主流，尤其是在研发和产品开发的新项目中。

李书福是吉利跨文化管理与合作理念的主导者。作为吉利和沃尔沃的董事长，李书福是推动两家公司逐渐融合，实现跨文化管理的关键人物。他表示，跨国企业只有做到相互尊重、包容、理解、学习，才能形成被大家普遍认同的、放之四海而皆准的企业文化。李书福引用了我国著名社会学家、人类学家费孝通的经典论述："各美其美，美人之美，美美与共，天下大同。"在这种富有全球视野的跨文化理念指导下，吉利与沃尔沃相互尊重、积极合作，大大促进了协同效应的产生。

两种团队文化的契合。对吉利和沃尔沃而言，长期导向与团队合作的倾向成为一种共同的文化态度。瑞典人普遍的团队合作倾向与中国的集体工作文化非常契合。从这个角度而言，斯堪的纳维亚资本主义和中国经济模式之间的距离似乎没有那么遥远。

寻找多种沟通机制。我们发现在吉利至少有三种促进双方沟通的机制：英语、数学以及人员互派。首先，作为合作伙伴之间交流的工具，英语被选为吉利和沃尔沃两家公司的共同语言，使用第三种国际语言而不是母语，为双方的相互理解和团队合作创造了良好的条件。其次，数学已经成为欧洲和中国工程师及管理人员的第二种共同语言。此外，自收购以来，中国和瑞典之间的人员流动成为吉利和沃尔沃跨文化管理的关键手段，富有想象力的年轻中国设计师与经验丰富的北欧同事携手同行，有助于克服不同国家的两个企业之间的文化差异。

"关注安全"将两家公司迅速拉近。关注企业社会责任、以人为本和对安全的重视，是沃尔沃的核心价值观。沃尔沃在社会、环境和安全等问题上的优秀传统和一流标准一直受到斯堪的纳维亚国家的高度重视。而当时中国企业的相关标准相对于北欧国家要低一些。自2010年收购以来，吉利渴望迅速将沃尔沃拥有的相关安全技术及其管理体系引入吉利，对沃尔沃的企业社会责任也表现出显著趋同，这让两家公司的核心价值观趋近，并由此让合作更为顺畅。

总而言之，尽管吉利和沃尔沃之间的合作依然面临着巨大的挑战，但最终在团队合作、创造力和创新方面，吉利收购整合沃尔沃的12年，更多地表现为一种机遇而非问题。

跨文化的差异并不都是负面因素。在吉利收购沃尔沃的案例中，社会文化的差异虽然是巨大的挑战，但也是新的协同效应和创新过程中潜在的优势来源。在收购后的整合过程中，随着时间的推移，两家企业之间出现了一些潜在的协同效应。CEVT（中欧汽车技术中心）的成功运作就是沃尔沃与吉利成功合作的经典案例。

跨文化合作：
以中欧汽车技术中心为例

中欧汽车技术中心（CEVT）总部位于瑞典哥德堡，员工来自 35 个不同的国家。作为跨文化合作的一个生动案例，CEVT 的发展清楚地展示了现代跨国企业在海外经营上所面临的挑战和机遇。

从战略角度看，2013 年 CEVT 的成立，标志着吉利与沃尔沃的整合和技术融合进程进入了一个新阶段。尽管属于吉利集团旗下，CEVT 既没有被视为一个完全属于中国的组织，也没有被视为单纯的瑞典（更确切地说是沃尔沃）的机构，而是一个真正意义上的全球领先的研究和工程中心。在那里，思想开放的人会聚到一起相互交流。CEVT 强调自己独特的文化，团队合作至关重要。自成立以来，它创造发展了自己的高水平工程文化，以及解决问题和组织运营的能力。

跨文化人才管理是 CEVT 成功的关键手段。CEVT 首席执行官方浩瀚表示："建立初期，我们得到了来自沃尔沃汽车和吉利的很多优秀人士的支持。因为我在这个行业 20 多年的从业经验，我也有幸认识了许多来自世界各地的专业汽车人才。在 2013 年春季，除了福特和通用汽车外，我们还从其他生产厂商那里招募了很多非常有才华的人，包括宝马、大众、日本公司和韩国公司等。对于许多人来说，能够从一张白纸开始做一些事情，并在没有任何过去包袱的情况下做一些全新的尝试，是非常开心有趣的。"CEVT 能够吸引来自瑞典、北欧其他国家和波罗的海国家，以及中国和其他欧洲、亚洲国家的高技能青年研究人员、工程师和软件开发人员，对中心的迅速发展提供了非常大的帮助。

CEVT的一项重要使命是与位于宁波杭州湾的吉利研究院（GRI）通力合作，促进员工之间的互动和知识转移。吉利和GRI人员向CEVT提供了对中国国内汽车市场特点、政策和消费者品位的重要知识和理解。而北欧工作人员与中国工程师、设计师和研究人员之间的紧密合作则得益于双向人员的流动，这种流动被视为促进发展创新的一个重要因素，并得到公司国际服务交流这一特定计划的支持。在CEVT，信息技术知识交流也发挥了重要作用，通过非正式的形式，如圣诞晚会或周非正式会议，CEVT在公司员工中有效地促进了跨文化交流。工程师和研究人员在令人兴奋的多元文化交流合作中受益，同时提升了他们在全球环境中的学习能力和经验。

汽车设计与跨文化关系密切相关，而经验丰富的欧洲设计师与越来越多的中国年轻设计师之间的积极互动更是产生了强烈的协同效应和原创成果。吉利设计副总裁彼得·霍伯里（Peter Horbury）曾专门指出，针对新车型或为中国客户打造的内部面板的情感设计专门注入了中国传统的文化元素，比如领克汽车内部面板的灵感就来自著名的杭州西湖断桥的轮廓。同时，吉利在瑞典和中国都培养了年轻的国际设计人才，以"让世界充满吉利"为目标，积极设计开发全新的、真正意义上的全球车型。

除了欧洲和中国之间的文化差异外，在智能生产时代，以工程师为代表的汽车制造传统和以软件开发人员为代表的数字创新文化之间也面临着新的冲突，但在新一代汽车软件设计快速增长的背景下，需要工程师与软件开发人员强强联手。为了克服这一关键挑战，吉利研究院和中欧汽车技术中心也在互联互通、自动驾驶、电气架构和软件开发能力领域通力合作，力求创新发展。

方浩瀚认为，在几年之内，跨文化协同效应带来的优势就已经超过了最初的投入成本，而拥有文化多样性特点的两家公司最终会互相激发彼此的创造力而走上创新之路，在收购公司和被收购公司之间产生技术和管理的创新，并创造开发新的资产。

本课小结

本课对吉利的企业文化的历史演变做了系统的阐述。和大部分中国企业一样，吉利是李书福个人创业开始的，起初老板文化是奋斗精神的本质，但随着企业治理的现代化，吉利的文化也升级成为"因快乐而伟大"的公司文化。

与此同时，吉利也是通过收购全球企业壮大的，员工有中国人、美国人、欧洲人等，分布在全球各地。本课还总结了吉利在跨文化领域的尝试，尤其是以沃尔沃和中欧汽车技术中心作为案例，深度展开分析，解读吉利如何实现企业的共同价值模式。

理论探讨：
企业文化与跨国公司的跨文化管理

企业文化概述

英国学者埃里奥特·杰奎斯（Elliott Jaques）是第一个描述现代工厂环境中的企业文化的组织理论家（Jaques，1951）。从那时起，许多学者就认识到不同的组织往往有非常不同的文化（Deal et al.，1982；Schein，1992；Kotter et al.，1992）。组织文化被弗拉姆霍兹和兰德尔（Flamholtz et al.，2011）定义为"企业人格"，影响组织成员行为的价值观、信念和规范（Flamholtz et al.，2014）。在商业环境中，它通常被描述为企业或公司文化，这一概念在20世纪80年代开始得到广泛认可。

企业文化植根于企业的目标、结构和对待劳工、客户、投资者及更广泛的群体的态度，它包括广义的信念和行为、公司范围内的价值体系、管理战略、员工沟通和关系、工作环境和态度，而这些价值观念和行为规范定义了企业如何开展业务。作为一种核心的经营理念，企业文化可以有机地成长，也可以有意地塑造，并会受到民族文化、传统、经济趋势、国际贸易、企业规模和产品等因素的影响。根据《哈佛商业评论》，成功的企业文化共有六个最重要的特征：愿景、价值观、行为、员工、表述和位置（Coleman，2013），它们触及一个公司的核心价值观和行为方式，并影响到其业务的各个方面。

文化的概念在人类学中占中心地位，它涵盖了各种复杂的现象，包括信仰、社会行为模式、传统、习俗、规范、法律和共同的价值观念，同时也与经济有关。它同时也包括艺术和音乐等表现形式，以及科学和技术知识等。所有这些文化元素，无论在哪个国家、哪个地区、哪个社会，都是历史发展的结果。它们在不同的文化变革中，在抗拒变革的传统力量和推动变革的创新力量的相互作用下，随着时间的推移不断演变。

国际商务中的跨文化问题

跨文化管理涉及国家层次和企业特定层次的两重文化关系的相互作用。从这一视角来看，跨国公司常常被看作产业全球化的关键行动者和全球市场的整合者（Balcet et al.，2020）。跨国公司不仅管理生产、供应链、金融和技术，而且还要在不同甚至遥远的文化背景下面对伦理、环境和劳工问题等方面的诸多挑战。因此，根植于母国文化中的企业核心价值观也需要与东道国的具体情况相融合、调整和适应。

霍夫斯泰德（Hofstede，1984）关于企业和文化的国际差异的经典理论，尤其是将不同国家的文化差异划分为五个关键维度的比较理念，对进一步了解跨文化管理具有积极意义，包括权力距离指数（Power Distance Index）、个人主义和集体主义（Individualism vs. Collectivism）、不确定性避免指数（Uncertainty Avoidance Index）、男性化和女性化（Masculinity vs. Femininity）、短期与长期导向（Short-term vs. Long-term Orientation）。

文化距离（Culture Distance）通常与在不同国家和地区经营的成本和风险高低有关，因为全球管理人员必须适应不同的语言、法律框架和制度。文化距离的概念在斯堪的纳维亚学派（Uppsala 学派）对企业国际化进程的开创性研究中起着核心作用。在分析了包括沃尔沃在内的几家瑞典跨国公司在第二次世界大战后几十年的国际增长和地理传播模式之后，约翰逊和瓦伦（Johanson et al.，1990）提出了他们对母国和投资东道国之间的"心理距离"的定义，它包括几个限制信息流动和特定成本及风险来源的因素。这个概念包括"语言、教育、商业实践、文化和工业发展的差异"（Johanson et al.，1977）。

除了跨文化管理带来的挑战之外，文化差异也可能为创造性地分享知识、创新和协同作用提供机会，从而产生潜在的未来发展优势。一些学者通过实证研究发现了跨国公司在不同文化环境下经营的好处。在某些程度下，它们能够获得新的知识，并通过与市场和非市场参与者（如客户、供应商、分销商、大学、研究中心和政府机构）的业务联系，将其传播到跨国公司经营的当地市场经济中（Cantwell，2009；Forsgren，2008）。

成功的案例表明，收购公司和被收购公司之间良好的沟通不仅有助于减少文化距离（或心理距离）带来的负面影响，还能带来潜在的协同效应。韦伯等人（Weber et al.，2011）认为文化差异是价值创造的潜在来源，对收购后的绩效有积极影响，在能力、知识和技能互补的情况下能够产生协同效应。拉塞尔（Lasserre，2012）则认为文化差异可以通过相互理解来缩小："当收购公司员工和高管采取对文化差异敏感的态度时，不同文化之间的理解就会增强。"（Lasserre，2012）而清水等人（Shimizu et al.，2004）的重要学术贡献则是关注从匹配不同文化中产生的双向动态学习过程，他们的研究指出这些过程可以产生有效的、相关的价值创造战略，从而提高企业的国际竞争力。

第10课

前瞻未来：
可持续发展的吉利

在李书福的领导下，吉利汽车用了30多年的时间就从一个位于浙江小城（台州）的小企业成为一个跨国企业。这是一个了不起的奇迹。

2021年，吉利汽车以132.8万辆的年度总销量，首次超越上汽大众，跻身中国车企年度销量榜单前三强，实现了中国品牌新突破。2022年，吉利汽车销量提升到143.3万辆，同比增长约8%，其中新能源汽车销量328 727辆，全年新能源汽车渗透率约23%，吉利新能源渗透率翻了三番。

现在，以吉利品牌为基础，吉利正在面向未来，在可持续发展的新时代迎接新的突破。在混动领域，吉利的雷神Hi·X混动系统的发动机、变速器有望让吉利在纯电领域"脱胎换骨"，吉利的沃尔沃、LEVC、路特斯、smart等国际品牌以及极氪等自主品牌开始群狼出击。吉利以中国制造和中国市场为基础，投入全球市场，并有望成为全球一流车企。

吉利的发展是全球化背景下中国融入世界的产物。但是，吉利未来的格局将充满更多变数，也将变得更复杂。一是地缘政治变得越来越复杂，俄乌冲突加剧多个区域撕裂的可能性；二是全球双碳愿景需要坚决推进但主要经济体对传统能源的高度依赖持续存在；三是全球化与逆全球化伴随着全球供应链的重构而并存，电动车上游材料（锂、钴等）价格推高与电动车市场渗透率提升的矛盾凸显。在此背景下，对于1963年出生的李书福来说，吉利将来面临的挑战不亚于当初收购沃尔沃。

如图10-1所示，本课将通过吉利面临的挑战，分析吉利的优势和劣势。我们相信，只要抓住ESG可持续发展这条主线，打造可持续发展的吉利，吉利的明天就会更美好。

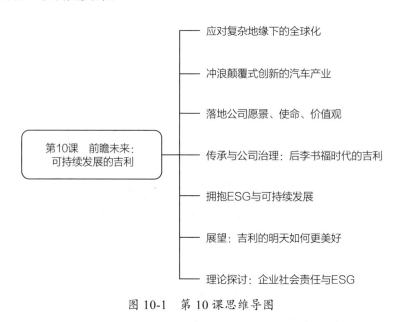

图 10-1　第 10 课思维导图

应对复杂地缘下的全球化

2020年开始的全球新冠大流行，以及2022年开始的俄乌冲突，让全球化在地缘政治和资源民族主义的复杂环境下变得越来越脆弱。吉利作为一个跨国公司，市场在全球，必须面对这些现实，提早做好预案。

后疫情时代的不确定性因素

德勤 2022 年发布的一份题为"中国企业全球化中的不确定与确定"的研究报告认为，中国企业海外并购未来走势有更大的不确定性。通过大数据聚类可信来源的媒体和分析，地缘政治、人民币汇率等 12 个因素反映了未来世界两大核心不确定性特征（重点关注区域）。

综合起来，影响中国企业的两个方面，一是地缘政治格局对中国企业海外投资的外因性影响，另一个是国家监管和货币政策对购买力产生的内因驱动影响。其中，中美关系是地缘政治的核心。

我们认为，后疫情时代将是持续充满不确定性的时代，影响全球经济发展至少包含七大不确定因素：地缘政治（俄乌冲突、中美关系、中欧关系、亚洲区域关系），全球金融秩序的演变（含数字货币），贸易秩序的再定义，跨国公司重塑全球供应链，老龄化与少子化并存，贫富差距与不公平造成的社会撕裂，颠覆式技术创新与国家掌控数字主权。

全球游戏规则正在变化

2019 年至今，全球经济格局持续调整双边/多边/区域经贸规则，不断重塑国家间错综复杂的政治格局，加之新冠疫情在全球扩散蔓延，全球的经贸投资游戏规则正在发生变化。想要走出去的中国企业，需要动态调整企业跨国经营战略与能力。

第一，要将新的变量纳入全球化战略规划。具体而言，中国企业更应以全球化视角制定战略。随着各国联系日益紧密，全人类共同面临老龄化加剧、不可再生资源濒临耗竭、能源供需结构变化等挑战。中国企业也应当积极地以国家"推动构建人类命运共同体"的理念为指导，进行战略制定和业务开展。例如，汽车企业应意识到控制污染、绿色低碳成为各国经济发展主流，从而以电动化、智能化为方向制定国际化战略。

第二，要管控全球资源民族主义对业务的影响。自然资源丰富的地方，尤其是与新能源汽车相关的上游资源丰富的地区，不少也是资源民族主义的集聚地。一些国家和地区在特定领域和企业运营方面设定新规，比如煤炭和镍的一大产地印度尼西亚强化了出口限制措施，生产铜和锂的南美各国纷纷增税和推进国有化，而占据全球 79% 的钴资源的刚果也成为全球商家必争之地。对资源获得的渴望与东道国资源民族主义带来的商务风险并存，中国企业必须对地缘政治因素引发的各种风险进行预判，并通过在国家带领下的集体出海以及多元布局等方式规避或者降低风险。

第三，在技术主权之争中明确技术路径选择。逆全球化的一个典型表征是以美国、欧洲、中国为代表的技术主权之争，并由此可能造成的多元化技术路径，产业链脱钩（Decouple）成为一种思潮。2022 年 2 月 14 日，慕尼黑安全会议（MSC，简称慕安会）发布了主题为"扭转乾坤，放下无助"的《2022 年慕尼黑安全报告》，报告认为，在多重危机叠加作用下，西方社会普遍有一种"集体无助感"。欧洲早在疫情开始前就关注"技术主权"，并已经调整了工作重点。欧盟委员会的一份文件列出了欧洲高度依赖进口的 137 种具有战略意义的产品，其中就包括技术产品和原材料。

第四，芯片已经是地缘政治之下重要的战略物资。按照中国海关的有关数据，2021 年，中国大陆进口芯片金额近 4400 亿美元，在高端芯片领域，包括和汽车相关的高端 IGBT（绝缘栅双极型晶体管）领域，中国企业面临着长期的潜在挑战。法国蒙田研究所 2022 年发布的一份题为"欧洲半导体：产业政策的回归"的研究报告指出，在半导体制造领域，欧洲在全球产能中的份额已从 2000 年的 24% 下降到 2021 年的 8%。欧洲需要扭转这种下降的趋势。欧洲正在推动芯片的大投资。美国、日本、印度、澳大利亚四方开始关注以芯片和稀土为核心的"关键和新兴技术"。美国2022年还推出了一个"芯片四方联盟",邀请韩国、日本和中国台湾地区的半导体公司加入这一联盟。2023年1月,美国和日本、荷兰结成了实质性的芯片联盟。中国制造业,包括汽车产业,需要未雨绸缪,在未来大国脱钩概率预估的前提下,尽早规划技术路径,做好供应链的战略规划,避免出现芯片断供。

全球新能源汽车格局尚未定型

从全球产业发展来看,汽车一直是制造业的皇冠,汽车的产业链比其他任何产业的都长。各个主要发达国家,包括美国在内,始终将汽车产业及其技术升级作为重要的国家产业战略。

2022年全年中国新能源乘用车整体销量达到688.7万辆,同比增长93.4%,渗透率达到27.6%,较2021年提升12.6个百分点。美国新能源汽车销量临近百万辆大关,达到99.2万辆,同比增长近52%,渗透率为6.9%,较2021年提升2.7个百分点,也处于向上爬坡期。2021年8月5日,美国总统拜登签署关于"加强美国在清洁汽车领域领导地位"的行政命令:设定2030年电动汽车占新车销量比例达到50%,对应销量870万辆的目标。这是对先前新能源产业政策缺失、基础设施薄弱和车型供给匮乏的重要战略应对,本次白宫声明是美国将发展新能源汽车产业设定为其国家战略的标志。因此,汽车不是一道简单的产业和技术题,而是一道复杂的政治题。

在20世纪的汽车大战中,欧洲和日本的汽车工业战胜了美国的汽车工业,而中国市场也基本上由外资品牌占领。但随着吉利等中国品牌的崛起,中国的汽车工业现在已经不可小觑,2021年,中国汽车出口首次超过200万辆,跻身于世界主要汽车出口大国之列。尤其是在新的电动汽车时代,中国领先全球布局了新能源汽车的电池材料,并通过国家补贴推动电动化。根据中国汽车工业协会的数据，中国 2022 年 3 月新能源汽车产量渗透率再创历史新高，达到 20.7%。数据还显示，2022 年中国全年乘用车销量达 2356.3 万辆，同比增长 9.5%，其中新能源汽车全年销量 688.7 万辆，同比增长 93.4%。同时，2022 年中国汽车出口总量突破 300 万辆，首次超越德国成为全球第二大汽车出口国。2023 年 1—2 月，中国新能源汽车出口 17 万辆，同比增长 62.8%。

中国在电动汽车市场领先世界的背后，是多种推力的合力作用。首先是中国汽车产业政策在新能源汽车领域的提前布局，明确技术路线，提供财务补贴，覆盖全产业链。其次是在加大开放力度之后，相关技术持续通过独资与合资企业引进，在中国汽车工业新能源汽车板块外资股比限制进一步突破之后，特斯拉成为第一家独资车企，制造了鲶鱼效应，并拉动整个产业链的发展，快速提振中国新能源汽车销量。最后，中国汽车品牌，包括传统大型企业、以比亚迪和吉利为代表的民企新造车势力，以及诸多已经成为全球化的核心零部件供应商（例如宁德时代）等，已经开始并成为全球供应商。

2023 年，从特斯拉开始，无论是传统汽车还是新能源汽车，中国汽车市场掀起了价格战，并开始波及全球，动摇了欧洲和日本传统汽车巨头的市场。2023 年 9 月，欧盟宣布对中国电动汽车进行反倾销调查，一场以新能源车为抓手的世纪之战正在来临。

吉利的全球化

李书福 2011 年提出吉利致力于成为受人尊敬的全球化企业，通过收购沃尔沃等海外企业，吉利无疑已经成为一家全球化企业。

吉利的全球化和传统理论上的全球化还有比较大的差别。目前的全球化，属于业务层面的全球化。吉利的全球化中收购沃尔沃是点睛之笔，吉利也成功地通过建立中欧汽车技术中心等方式获得了安全等方面的进步。但是，吉利是吉利，沃尔沃是沃尔沃的模式存在了十多年之后，如何打造一个愿景使命和价值观统一的全球化的集团公司是吉利下一步的重要命题。

当然，李书福也已经认识到全球化的变化，认为逆全球化是新趋势。在2022年3月14日的吉利大讲堂上，李书福的最新判断是，世界经济已经变了，全球化时代失速，逆全球化时代已经开启。吉利先前已经在多个市场布局了全球化，并且是吉利的重要布局。既然做出了逆全球化的判断，如何进一步管理现有业务的跨文化、跨体系经营，以及在逆全球化时代推进企业的发展，是一个很大但又必须解决的战略抉择。

冲浪颠覆式创新的汽车产业

对于吉利和李书福来说，在上一轮的汽车周期中，通过收购沃尔沃实现了国际化，吉利成功地成为中国汽车工业第一梯队中的一员。在全球双碳和地缘政治多变的背景下，在汽车"新四化"（电动化、智能化、网联化、共享化）的技术与商业模式创新下，汽车产业正面临规模化的颠覆式创新。

汽车新四化

新四化背景下，软件定义汽车的时代已经到来。新四化主导新时代的汽车产业已经基本在全球达成共识。电动化指的是新能源汽车的动力系统；智能化指的是自动驾驶、智能驾驶、ADAS（高级驾驶辅助系统）；网联化指的是车联网的布局；共享化指的是新的出行模式。最近几年，尤其在中国市场，以满足消费者多元需求为导向的软件即服务，即泛指的软件定义汽车，已经开始倒逼车企将软硬件进一步匹配与升级，并将面向服务的架构（Service-Oriented Architecture，SOA）作为新时代车企的"必修课"。中国在软件定义汽车领域是整体走在全世界的前列的，也赋予了中国汽车在新四化阶段

"弯道超车"的可能性。

吉利在汽车新四化方面的投入和决心是巨大的，正在冲浪颠覆式创新。2021年10月，在杭州湾研究总院举办的"智能吉利2025——吉利龙湾技术荟暨全球动力科技品牌发布"大会上，吉利宣布将在5年内斥资1500亿元用于研发投入，依托吉利全球"5大研发+5大造型中心"构建全球领先的国际化研发体系，向智能时代全面转型。

根据吉利汽车发布的"智能吉利2025"战略，以及全面推进"智能吉利2025"实施的"九大龙湾行动"，吉利将推出全球动力科技品牌"雷神动力"，推动吉利加速向智能时代转型，成为科技引领型的全球汽车企业，构建吉利在新能源、自动驾驶、智能网联、智能座舱等核心技术领域的全栈自研生态体系。

汽车芯片作为新四化汽车核心技术之一，决定了汽车的未来。中国企业在汽车主导芯片、高端IGBT领域正遭遇"卡脖子"的困境。对此，吉利"芯擎"的7纳米工艺智能座舱芯片SE1000已经完成车规级认证。根据规划，吉利还将推出5纳米制程的自动驾驶芯片，在实现L3级智能驾驶的基础上，进一步实现"算力可拓展"，满足更高级别自动驾驶的算力需求。

根据上述公开信息，我们看到的是吉利在新四化领域的硬件（及相关软件）方面的巨额投入。此外，吉利汽车还在纯电、超级电混、醇电混动、换电等赛道上全面发力。吉利在整车与核心零部件技术多条赛道上布局，体现的是跨国公司的财力、能力与实力。当然，吉利至少还需要关注两个点：一是软硬兼施，既要在硬件领域巨额投入，又要切实落地软件定义汽车，将软件即服务（Software as a Service，SAAS）作为一个重要的战略切入点，为消费者和公司创造价值，升级公司的商业模式；二是在"智能吉利2025"战略上仍需要进一步取舍，平衡千亿元的投入、技术路径风险和商业化之间的关系。

平衡创新与商业价值

对于世界一流企业来说,创新能力建设都是持久战。对于吉利来说,逐浪汽车产业的颠覆式创新,需要平衡长期的创新投入和近期商业价值产出之间的关系。在燃油汽车时代,吉利通过收购沃尔沃,与沃尔沃进行研发联动,实现了吉利和沃尔沃的最大价值,既获得了汽车平台和动力等方面的技术突破,又获得了市场的认可,是成功平衡创新精神和商业价值的样本。到了电动车时代,尽管沃尔沃有技术及研发管理体系,但就电动车相关技术本身还是要摸着石头过河,其过往的研发流程与电动车的新品研发速度也有一定的错位。吉利面临着燃油车渐渐退出与电动车新品需要扩大销量间的商业平衡问题。创新的历史告诉我们,在正确的时间做正确的事情,企业才可能持续发展,保持长青。

比亚迪的发展势头值得吉利深入对标。比亚迪于 2022 年 3 月底发布的 2021 年财报显示,该公司全年新车销售达 73 万辆,同比增长 75.4%,其中新能源汽车销量为 59.37 万辆,同比增长 231.6%,在总销量占比中超过 80%。比亚迪是中国新能源汽车销量冠军,遥遥领先其他竞争对手。比亚迪高调地在 2022 年 4 月初宣布停止燃油车的生产与销售,未来只专注于纯电动和插电混动汽车,相较于其他整车厂在 2025—2030 年之间停止生产燃油车的规划,提前了三五年。

比亚迪率先实现车型的颠覆式创新的背后,至少有两大法宝:核心技术群(例如刀片电池、DM-i 超级混动技术、DM-p 超级混动技术与 e 平台 3.0 架构等)和垂直整合的供应链。当诸多品牌受制于原材料涨价与电池、芯片短缺而导致的交付延期的时候,比亚迪的交付能力凸显。这与该公司用了近 20 年的时间自主研发和打造更为垂直一体化的供应链是密不可分的。比亚迪不仅实现了电机、动力电池、电控等核心技术的自主生产,还一定程度上实现了"芯片自主"。尽管没有像吉利那样通过并购布局全球化,但比亚迪公司还是获得了资本市场的认可，2022年上半年市值一度超过了1万亿元人民币，超过上汽集团、长城汽车与吉利汽车三家之和。比亚迪通过战略的差异化，在中国民营车企中占据了重要地位。

再回过来看吉利。吉利正积极响应中国的"双碳"目标（2030年实现碳达峰，2060年实现碳中和），提出了自己的"双碳"规划，即在2025年实现全链路减排25%，到2045年实现碳中和。而沃尔沃作为北欧的豪华汽车品牌早就推出了"2040环境计划"，要在2040年之前成为气候零负荷的全球标杆企业。沃尔沃决定在2025年实现50%车型电气化，并在2030年停止销售燃油车。目前看来，吉利迫切需要在今天的商业价值（内燃机乘用车）和未来的商业价值（新四化新能源汽车）之间，再度优化公司2025战略。

落地公司愿景、使命、价值观

愿景、使命和价值观是一个跨国企业能够长期稳定发展的基础。对于吉利来说，从一个浙江的区域性企业，通过收购沃尔沃等成为跨国企业，无疑是成功的。截至2022年，吉利通过并购之路成为跨国企业，并在运营12年之后，还没有像其他跨国公司那样实现愿景、使命和价值观在集团层面的统一，继续采取"吉利是吉利，沃尔沃是沃尔沃"的模式。当然，在此期间，吉利创造性地成立了中欧汽车技术中心，作为吸收沃尔沃技术和文化的中转站，这个折中模式也是一种创新。展望下一个十年，吉利集团针对企业"形而上"的问题，将如何回答呢？

动态升级的愿景、使命、价值观

经过30多年的发展，吉利控股集团已经形成了吉利汽车、吉利科技、沃尔沃等不同的实体。和其他跨国公司相比，吉利的这些实体相对独立，在愿景、使命、价值观方面并不完全统一。梳理吉利各个实体的愿景、使命、价值观，动态升级整个吉利集团的愿景、使命、价值观是吉利未来应该做的重要事情。

吉利的愿景、使命、价值观随着企业发展阶段的变化而变化。2011年，李书福表示："做受人尊敬的全球化企业，是吉利遵循经济发展规律做出的重大战略构想。"当时，吉利制定了"快乐人生、吉利相伴"这一核心价值理念。随着吉利成为跨国企业，吉利的愿景、价值观做了升级。当然，有意思的是，如果访问吉利控股集团官网，集团的愿景、使命、价值观被列在公司文化这个栏目下面，其愿景使命是"让世界充满吉利"，口号是"快乐人生 吉利相伴"，核心价值观是"求真务实，拼搏进取，协作创新"，这与西方跨国公司（包括沃尔沃）将上述核心内容列到公司整体介绍部分，是有显著差别的（见图10-2和图10-3）。

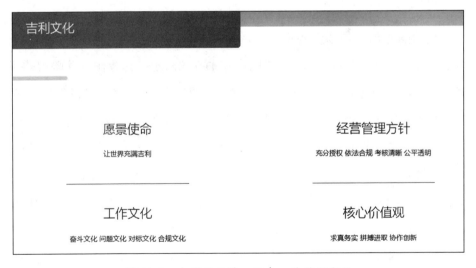

图10-2 吉利的愿景、使命、价值观定位

资料来源：吉利控股集团官网，2022年10月。

图 10-3　沃尔沃的愿景、使命、价值观定位

资料来源：沃尔沃集团官网，2022 年 4 月 28 日。

基于价值观一致的并购

　　成功的并购，是基于两家公司的价值趋同，以及并购阶段、后并购阶段的价值整合来实现的。国际并购专家 Don Scale 在其著作《并购解决方案：基于价值观的企业整合方法》一书中，通过大量的案例分析指出，在过去的几十年，企业管理团队实际上都知道相互竞争的价值观和文化冲突会给并购与被并购公司均带来风险。但是，由于价值观与公司文化差异因素很难被量化评估，因此在尽职调查阶段往往会被忽视。作者也提出了对应的方法论，让管理团队在后并购阶段降低文化冲突的风险，并增加成功并购的概率（Scale，2021）。

　　我们观察到，在价值观（Value）和愿景（Vision）层面，吉利是吉利，沃尔沃是沃尔沃，路特斯是路特斯，吉利子公司与吉利控股公司还存在价值观不完全一致等现象，那么子公司之间的使命（Mission）不一致，更是非常自然的事情了。例如，沃尔沃的愿景、使命、价值观与吉利更是不一样，甚至吉利科技与吉利控股公司的价值观都是有差别的。或许，吉利集团在未来会逐步实现共享的愿景、使命和价值观，见表10-1。

表10-1 吉利和沃尔沃的愿景、使命、价值观、公司文化比较

愿景、使命、价值观	吉利控股集团（2022版）	吉利科技	沃尔沃
愿景（Vision）	让世界充满吉利	让世界充满吉利	To be the most desired and successful transport and infrastructure solution provider in the world（成为世界上最受欢迎和最成功的运输和基础设施解决方案提供商）
使命（Mission）	让世界充满吉利	引领跨界科技深度融合，创造资源配置全新价值	Driving prosperity through transport and infrastructure solution（通过交通和基础设施解决方案推动繁荣）
价值观（Value）	求真务实、拼搏进取、协作创新	务实、奋斗、创新、精进	customer success, trust, passion, change and performance（客户成功、信任、激情、变革和绩效）
公司文化（Culture）	快乐人生，吉利相伴	公司将使命、愿景、核心价值观合并统称为公司文化	The Volvo Group culture is defined by a set of five carefully chosen values, which include customer success, trust, passion, change and performance（沃尔沃集团的文化由五种精心挑选的价值观定义，包括客户成功、信任、激情、变革和绩效）

资料来源：吉利控股集团、吉利科技、沃尔沃公司官网，2022年4月28日。

传承与公司治理：
后李书福时代的吉利

毫无疑问，李书福是吉利从一家小企业成长为一家跨国公司的灵魂，吉利文化有很多李书福个人的精神烙印，包括浙商敢冒风险的创业精神和闯荡世界的开拓精神。出生于1963年的李书福也逐步面临所有民营企业的共性问题：传承。

在所有的中国企业家中，李书福属于有远见的企业家。和几乎所有浙江民企一样，由于融资等原因，吉利最早就是靠家族和朋友撑起来的，产业链由家族企业控制。但李书福很快意识到企业要发展，必须建立现代企业制度。借着上市的机会，李书福把家族的股权全部整合到自己旗下。然后，2002年，李书福将吉利集团的管理权、经营权都交给徐刚和柏杨二位"外来的和尚"，分别任命两人为吉利集团的首席执行官和吉利汽车有限公司的首席执行官。

现代企业制度下的吉利

从李书福目前的年龄来看，吉利的传承和公司治理问题还不是非常紧迫。根据2021年11月海德思哲（Heidrick & Struggles，2021）发布的《迈向职业巅峰之路》报告，24个国家和地区上市公司的1095名现任CEO数据显示，全球上市公司CEO的平均年龄为56岁。中国A股4000多家上市公司董事长的平均年龄约55岁，其中50～59岁的董事长占比过半，但60岁以上的董事长也有近千人，70岁以上的有151人，其中有14人年逾80岁（曾剑，2022）。根据2020年的统计，我国台湾地区市值前100大企业董事长平均年龄67岁（数位时代，2020）。

建立现代企业制度，去家族化是李书福一直在做的正确选择。事实上，我国台湾地区的家族企业就是这样处置的。台股市值前100大上市企业中，家族企业占比从2012年约75%逐年降到目前的70%左右，台湾地区企业开始迈入"家族与职业经理人共治"时代，台湾地区过半数的上市企业都已成立超过30年，企业平均年龄约33年。吉利也正在现代企业制度的基础上向家族与职业经理人共治发展。

当然，目前的吉利，还是李书福的吉利。国家企业信用信息系统公开资料显示，浙江吉利控股有李书福、宁波翊马和李星星三位股东（吉利汽车股权结构见图10-4），实际控制人是李书福，拥有91.0750%股份。随着公司规模的进一步扩大，李书福的经营管理权越来越多地释放出来。2022年，李书福退出了多家关联公司的董事职位。但是，这并不代表李书福退居二线，他是卸下一些下级企业的管理负担，集中精力处理集团战略大事。吉利的决策权，关键的大政方针在未来相当长的一段时间内仍将由李书福决策。

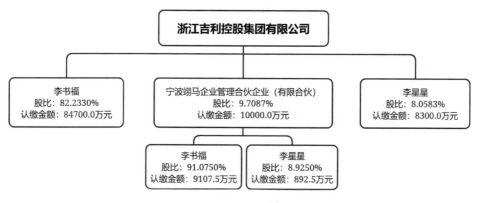

图10-4　浙江吉利控股集团有限公司的股权结构

资料来源：根据国家企业信用信息系统整理。

公开资料显示，李书福有一儿一女，女儿李艺已经出嫁，儿子李星星则已经在吉利工作。李星星出生于1985年，担任吉利汽车副总裁、吉利控股董事会监事、领克汽车亚太区总经理等多重职务。作为领克汽车的实际操盘手，李星星的初步表现已经让李书福放心。如果做个大胆预测，未来的吉利集团和吉利控股两大板块或许都将由李星星继承。

2020年2月，武汉众擎私募基金管理有限公司新增股东李书福、李星星、李东辉，法定代表人由余克强变更为冯擎峰。公开资料显示，李东辉为浙江吉利控股集团首席执行官、法定代表人。冯擎峰任浙江吉利控股集团高级副总裁，同为路特斯集团CEO。这次调整，似乎意味着李书福今后10年的重点将转向投资。

据此判断，未来的吉利将是在现代企业制度下建立的家族和职业经理人共治的企业，而无论是职业经理人还是李星星，全面接管吉利最早也要在 10 年之后。而李书福在这 10 年内，作为一个跨国公司的总掌舵人，需要完成整个吉利的愿景、使命、价值观和文化等的打造、整合与传承。

共同富裕：后李书福时代的吉利集团

为了做好后李书福时代的传承和接班，吉利已经在公司的治理架构等方面做准备，这估计是李书福对吉利基业长青的最大贡献。

培养和引进人才一直是李书福的法宝。李书福曾说："如果说吉利有什么法宝，那就是人才创新。"李书福有一个"人才森林"的理念，也就是通过引进外部的高端人才，形成人才大树，并使它扎根吉利，然后通过内部培养，形成一棵棵人才小树，最终共同成长为有高有低、有大有小、具有强大的生命力和生态调节功能的吉利人才森林。

而为了留住这些人才，同时响应共同富裕的国策，2022 年 7 月，李书福和员工代表吕义聪一起发布了共同富裕计划行动纲领，进一步完善和实施包括全员收入增长计划、全员家庭健康保险计划、全员职业提升计划等一系列举措，致力于提升全员职业尊严，培育全员敬业精神，带动全产业链可持续发展，实现产业共富。根据此次发布的纲领，员工收入增长计划和全员家庭健康保险计划以及全员职业提升计划将主导后李书福时代吉利的共同富裕之路。

员工收入增长计划目的是建立和完善企业与员工的收益共享机制，激励员工更好地奋斗、创造价值，推动企业长期、持续、健康发展。该计划将根据不同子公司、不同业务类别，建立事业合伙人机制，探索多种形式的股权、期权、收益权、奖金等激励组合。员工将基于业绩表现参与股权激励或收益分配，实现员工收入与企业效益的同步增长。将通过试点单位启动创新激励机制，并逐步覆盖到各业务集团，最终实现所有员工不论岗位和级别，都能共创、共担、共享和共富。

全员家庭健康保险计划是为全体员工及其直系亲属提供健康保险计划，帮助员工抵御因意外或重大疾病带来的经济压力，提升员工家庭安全感和幸福感，解除员工后顾之忧，实现"一人就业，全家安康"。

全员职业提升计划将建立覆盖员工全职业生涯周期的教育培训体系，对内覆盖所有员工，对外覆盖全产业链合作伙伴，打造学习共同体。同时，李书福公益基金会中成立专项教育奖学金，奖励吉利员工的子女接受良好的高等教育，全面护航员工幸福家园梦想。

拥抱 ESG 与可持续发展

ESG 和可持续发展已经是未来全球性企业的标准语言。ESG 是英文 Environmental（环境）、Social（社会）和 Governance（管理）的首字母缩写。对于一个跨国公司来说，ESG 是国际通行的标准语言，不仅是企业的发展需要以 ESG 为标准，而且全球越来越多的 ESG 基金也明确只投资 ESG 评级高的企业。面向未来的吉利只有通过可持续发展才能成为真正的百年企业。

吉利汽车的企业社会责任

吉利汽车作为吉利控股集团的子公司在香港资本市场上市，自 2015 年始，吉利汽车就发布其环境、社会及管理的 ESG 内容。2021 年，吉利汽车发布了首份独立的 ESG 报告。在这份 ESG 报告中，董事会主席李书福表示："吉利汽车将在未来与全球伙伴一同为全球科技出行产业转型升级、高质量发展大胆实践，勇往直前！"而作为吉利汽车可持续发展委员会主席，安聪慧表示："吉利汽车深信可持续发展是企业不可或缺的核心元素。"

作为进一步推进吉利汽车可持续发展的一部分，吉利汽车董事会于 2020 年 12 月成立了可持续发展委员会，进一步完善了 ESG 管治构架，由董事会、可持续发展委员会、ESG 工作组与监督考核部门以及 ESG 相关部门构建而成，由上至下将 ESG 管理工作融入企业经营管理的各个方面。与此同时，吉利汽车不断增强自身 ESG 信息披露与透明度，从 2020 财务年度开始，首次以独立的 ESG 报告披露吉利汽车在 ESG 重大议题方面的表现。吉利汽车可持续发展委员会主席安聪慧在这份报告中指出："吉利汽车高度重视全球气候变化的风险与机遇。我们基于汽车产业及应用场景的变化，形成两个蓝色吉利行动计划，分别推动智能化的节能与混动汽车及智能化纯电动车，加速低排放及零排放汽车的使用。我们以蓝色吉利行动计划为核心，设立专项小组进一步规划实施碳中和的技术路线，并融入公司发展战略。我们积极支持中国努力争取 2060 年前实现碳中和的目标，为应对全球气候变化做出贡献，并不断追求可持续发展带动经济发展的美好愿景。"

安聪慧表示，未来，吉利汽车继续以人才为基石，以技术为核心，以用户为导向，以绿色为目标，在遵守世界各国法律及全球合规前提下，携手产业链上下游，积极践行社会责任、助力可持续发展，常怀胸怀天下、勇担责任和回馈社会的感恩之心！

ESG：从吉利汽车到吉利控股

吉利控股集团社会责任报告首次发布是在 2012 年，先于吉利汽车。首份报告分别从公司治理、创新吉利、品质吉利、人才吉利等六大方面，披露了吉利集团在经济、产品、环境、员工、社会等方面的社会责任实践和绩效情况。随着汽车业务的发展，2015 年吉利控股集团的社会责任报告内容进一步扩大并涵盖了蓝色吉利、智能吉利、责任经营、为客户打造精品、与员工共同成长、与伙伴共享价值、与环境友好共生、与社会共同发展等八大模块。该报告持续发布到 2019 年。

从 2020 年开始，吉利将先前的企业社会责任报告逐步升级到 ESG 报告。

首先是治理结构的保障。在吉利控股集团董事局的领导下，吉利成立了 ESG 委员会，下设 ESG 领导小组和工作小组。该可持续发展治理架构，以吉利控股集团统领战略管控、前瞻布局，各业务单元协同跟进。新架构让责任层次结构更加明晰，让"产品、经济、环境、社会"四大责任领域互为依仗，保障业务发展的长期韧性，并为利益相关方创造更多价值。在吉利控股集团的官网上，李书福对责任理念的表达是，"一个没有社会责任心的企业，最终总是会被市场无情抛弃，这样的企业是不可能实现永续经营的"。

吉利持续重视企业生存与社会发展、生态环境的关联性，将 ESG 从产品、经济、环境和社会四大领域着手，以汽车为载体连接世界，开启美好生活。在产品端，不断推进技术创新，为顾客提供健康安全、节能环保的精品，并通过便捷、高效的客户服务赢得信任和口碑。在经济端，依法合规经营，恪守商业道德，为股东创造价值。在环境端，持续推进绿色运营，提高生命周期资源利用效率，开展节能减排，控制环境风险，降低企业及产品对环境的影响。在社会端，保障员工健康安全，关爱员工并提供广阔成长空间；推动价值链合作共赢，为行业发展做贡献；开展共同富裕计划，关注教育事业，共建和谐社会。

ESG 的治理结构及运作机制，对吉利的企业社会责任工作提出了更高的要求。CSR（企业社会责任）报告有更广泛的利益相关方，包括政府监管部门、员工、合作伙伴、社区、NGO（非政府组织）等，因此 CSR 覆盖的内容面更广；而 ESG 报告，主要针对资本市场参与方，特别是机构投资者，报告要在规定时间内发布，且上传到公司官网并提交给交易所，ESG 报告属于比较重要的投资者沟通工具之一。尽管吉利控股集团并非上市公司，但是其主动推进 ESG 工作，与吉利未来希望的多个业务板块融资和独立上市（例如商用车板块极氪、smart 等），都起到了重要的铺垫作用。

展望：
吉利的明天如何更美好

吉利已经取得的诸多成就，可以成为商学院十堂课程的经典案例。这也是本书的初衷所在。面向未来，吉利如何实现可持续发展，让世界充满吉利，我们也提出了几个重要的思考问题，权且作为学者的观察与点评。

动态优化公司的业务边界

今天的吉利控股，已经拥有四大业务板块（乘用车、商用车、科技、出行）和至少 14 个子集团公司或机构（例如吉利汽车集团、沃尔沃汽车集团、新能源商用车集团、科技集团、吉利人才发展集团等），从一个单一的汽车厂商变成了汽车生态的打造者，通过并购与资本运作，吉利拥有了多个国际品牌和国内品牌，涉及传统燃油车和新能源车品牌，汽车的品类也从乘用车延展到商用车。除了汽车制造，吉利也正在汽车生态上不断向外延拓展，甚至包括智能手机、低轨道卫星、多个出行业务等。除此之外，吉利还拥有文旅、体育、教育、娱乐、矿产、保险等各种产业。

从学术的角度，有大量的文章专注比较核心业务与多元化、相关多元化与非相关多元化对公司造成的绩效影响。西方的整体研究判断是，非相关多元化比相关多元化的绩效差，专注核心业务比多元化的绩效高。当然，也有一系列的文章，试图证明由于外部资本完善程度、法制体系健全程度略低，政府干预程度高，发展中国家和新兴国家的成功企业更会选择非相关多元化，并利用公司拥有的关系和资源，为公司带来超额收益。

吉利控股不同业态的绩效应该是不同的，业态与业态之间的协同关系，站在收入最大的汽车板块的角度，有的属于相关多元化，有的属于非相关多元化。再大的集团公司，随着战略的变化以及绩效的要求，企业的边界也会发生动态变化、扩展和剥离。动态优化吉利控股的业务边界，不一味追求扩张，正是公司进入到成熟发展阶段的表现。

将资本运作纳入核心竞争力

李书福从浙江台州出发，成为中国汽车工业的领导者，资本运作是核心竞争力。吉利汽车在香港成功借壳上市是李书福运用资本扩张自己的起点，收购沃尔沃是李书福借用资本的高峰。探讨李书福的商业模式，全球范围内的收购兼并是最重要的一环，除了最早的吉利品牌，李书福旗下是全球汽车著名品牌的"收藏家"，如领克、宝腾、路特斯、极星、smart、沃尔沃、LEVC等。在李书福的商业模式中，第一步是收购品牌，第二步是通过吉利的力量改造公司，提升业绩和品牌力，第三步就是品牌独立上市融资。2023年1月，吉利收购的路特斯宣布和一家特殊目的公司合并，在完成合并之后，李书福旗下就有了9家已上市或拟上市企业，包括吉利汽车、沃尔沃、极星、亿咖通、钱江摩托、汉马科技、力帆科技、极氪以及路特斯科技。

我们预计，资本运作依旧是未来李书福的核心竞争力。事实上，在中国民营企业中，李书福在利用资本的国际收购兼并的经验和实践方面无出其右。

提速新能源赛道

在新能源汽车的主赛道上，吉利控股虽然已布局了沃尔沃、几何、极氪等多个品牌，并在三元电池、甲醇汽车、换电模式等多个赛道都做了布局，其中雷神Hi·X混动系统等发动机、变速器以及控制策略方面相较于竞争对手具备竞争优势，但这些品牌和技术真正发力并转化为汽车销量还有待时日。

吉利的发展历史充满了冒险和李书福个人的果敢，是一个后发制人的商业经典。李书福在正确的时间干的最正确的事情就是收购沃尔沃，此举让吉利一跃成为一家具有国际品牌和技术平台的跨国企业，在中国企业的基因中植入了世界级的跨国基因。

新能源车的战场已经硝烟弥漫，吉利相较于造车新势力和比亚迪等强劲对手，从2022年的新能源车销量、新能源车在总销量中的占比以及股市市值表现三个指标来看，尚需要做更多努力。令人可喜的是，极氪已经在新能源车的市场竞争中展示了自己的综合实力，在2022年上半年交付19 013辆，创高端智能纯电品牌交付最快速度。

我们也提出，在目前的2025战略中，吉利需要更深入地理解"软件定义汽车"，并将一定的资源倾斜到该领域。

逆全球化下的全球化发展

对于吉利来说，中国制造要走向全球市场，"让世界充满吉利"，不是一句口号，而是一种践行、一种未来。早在2006年，李书福就曾提出，吉利的终极目标是进入全球行业前十名，成为中国的丰田。对于完成这个目标，李书福的心理预期是，"需要两代、三代人一点一点地付出"。尽管这个提法之后被淡化了，但也确实可以算作帮助吉利实现愿景（让世界充满吉利）的具体化目标，这点即使拿到今天，依然是适用的。

我们分析，实现吉利愿景的最直接路径，仍旧是汽车销量的持续上升。在稳定中国和欧洲市场的同时，"沃尔沃""电动汽车""北美市场"这几个关键词可能是吉利进一步成为世界一流汽车企业的抓手。更为现实的路径是，让沃尔沃品牌的电动汽车在美国2030年870万辆年度销量目标中占到更高的份额。吉利在美国市场的走势可能决定吉利下一个全球化的高度。我们看到，吉利也已经试图通过与雷诺在韩国建立合资企业，曲线进入北美市场。无论哪条途径，如果能够像丰田那样渗透到美国单一大市场，那么，吉利的明天一定会更加美好，也能在逆全球化的趋势下交出一份含金量高的答卷。

本课小结

本课对吉利未来发展的几大关键点做了前瞻，包括地缘政治，颠覆式创新，下一阶段发展与公司愿景、使命、价值观的持续耦合，传承与公司治理，ESG 等五大问题。在电动车大航海时代，中国品牌开始走向全球，虽然吉利已经有了沃尔沃等全球品牌在手，但地缘政治等非市场因素正在干扰全球化的进程。与此同时，和所有中国企业一样，吉利也面临着传承等实际问题。此外，持续关注包含双碳问题在内的 ESG，将是企业可持续发展的解决之道。

理论探讨：
企业社会责任与 ESG

企业社会责任

企业社会责任（CSR）体现了企业社会行为方式方面的基本道德。CSR 的概念最早由美国学者奥利弗·谢尔登（Oliver Sheldon）提出，其在 1924 年出版的《管理的哲学》中专题阐述了管理的社会责任，其思想的产生背景，是对泰勒制生产方式（Taylorism）的反思，认为管理工人不是简单的薪资刺激。

20 世纪 50 年代，企业社会责任被学界以及商界正式关注。霍华德·R.

鲍文（Howard R. Bowen）被称为"企业社会责任之父"，其1953年出版的《商人的社会责任》一书中，提出了一个直到今天都适用的问题：是否可以合理地期望商人对社会承担什么责任？

20世纪50年代末和60年代，美国大型企业集团的扩张，进一步推动了对企业社会责任的思考。1968年，美国会计学家戴维·林诺维斯提出了"社会－经济会计"的概念，开辟了国际会计行业对企业社会责任思考的先河（Linowes，1968）。20世纪80年代，弗里曼从利益相关者的角度剖析公司的战略管理，从规范伦理学的视角提出利益相关者学说，并从所有权、经济依赖性和社会利益三个不同的维度对利益相关者进行了开创性的分类（Freeman，1984）。之后，多方学者从财产权、伦理学、合法性、经济性等角度对弗里曼的论述予以深化，从而形成了一套相当完整的学说。这个时期，卡罗尔从20世纪80年代开始研究企业社会责任（Carrol，1981），之后提出了企业社会责任的金字塔模型（Carrol，1991）。

管理学大师德鲁克更是一贯坚持他的企业社会责任的信念。他最早的著作（Drucker，1939，1942）确认了该想法，并通过对公司合法性基础的考察，明确了管理人员的社会责任（Drucker，1974）。德鲁克对这个领域的关注，一直持续到他的最后一本专著（Drucker，1999）。

经济学家也对企业社会责任做了分析，并提出了不同的看法。代理学说（Agent Theory）对企业社会责任和企业价值之间整体持负面看法。该学说的分析视角是从股东的角度，并针对现代企业因所有权与经营权的分离而产生代理问题进行分析（Jensen and Meckling，1976）。该思想被广为引用的是诺贝尔奖得主、芝加哥经济学派领军人物弗里德曼教授1970年登在《纽约时报杂志》上的一篇专文：《企业的社会责任是增加盈利》，并大肆抨击了以慈善捐赠为主的做法（Friedman，1970）。之后，法国诺贝尔奖得主让·梯若尔教授也延续了上述分析。本书作者对此持谨慎乐观的态度，认为股东、公司员工与消费者从各自角度追求的社会责任相互作用，在名声与形象层面可以起到一定的作用，但是纯粹地追求社会责任，将成为零和游戏（Bénabou and Tirole，2010）。

在 2008 年世界金融危机之后，企业社会责任再次成为评估企业行为的焦点。如何有效地识别和应对利益相关者的利益要求已经成为现代公司治理理论和实践的前沿课题。

ESG 的产生与 ESG 投资

ESG 属于对企业可持续发展的衡量指标体系。ESG 的概念始于 2004 年。联合国前秘书长安南邀请 50 多名金融机构的 CEO 加入联合国全球契约组织（UN Global Compact）的倡议，并在一份同时得到世界银行集团国际金融公司（International Finance Corporation，IFC）和瑞士政府支持的官方报告中首次提出 ESG 的概念（UN Global Compact，2004）。2006 年，由联合国成立的责任投资原则组织（UN PRI）发布了"责任投资原则"（PRI），该原则致力于推动各大投资机构在决策过程中纳入 ESG 原则，通过 PRI 的签署方提升可持续投资水平。这也标志着 ESG 投资原则的正式确立。截至 2021 年 5 月末，全球加入 UN PRI 的机构已达到 4030 家，呈现高速增长的态势。

ESG 投资已经是一个投资形式的专有名词，特指投资人和金融中介，在考量被投企业的风险与回报之外，还考量公司的 ESG 表现，用资本的力量推动可持续发展，资本同时获得合理的投资回报，甚至在某些情况下有超额的投资回报。ESG 投资在 2008 年的全球金融危机之后，获得了实质性的发展，这与投资界的深刻反思与部分投资人的觉醒是分不开的，先前华尔街投行使用高杠杆、发行高风险的金融商品等追逐暴利的行为，也深深伤害了自身利益（邱慈观，2021）。

中国目前还没有统一且明确的 ESG 标准或披露制度，2018 年 3 月，上海证券交易所发布了首份社会责任报告，建立社会责任战略规划；同年11月，中国证券监督管理委员会在上市公司的公司治理规则中加入ESG相关要求；2020年9月，上海证券交易所制定并发布了《上海证券交易所科创板上市公司自律监管规则适用指引第2号——自愿信息披露》，但整体进展较为缓慢。由于底层数据信度较差并且不成体系，导致中国的ESG评级机构出具的评级分化更明显，可靠性不强。

后　记

1998年，我开始在法国攻读经济学博士，专注研究中国汽车产业问题。从那一年开始，吉利作为一家与众不同的民营车企，就进入了我的视野。基于我多次从法国回到中国对吉利公司的制造部门、研发部门、采购以及公司总部管理层的参访调研，加上文献数据的采集研究，我逐步发表了与吉利相关的学术文章十多篇。其中也包含与多位国际学者开展的联合研究，尤其是法国巴黎第三（新索邦）大学让·莫内讲席教授泽维尔·瑞奇（Xavier Richet）教授和意大利都灵大学岩春风（Giovanni Balcet）教授。在我的邀请下，他们来到中国，调研了吉利以及其他中国汽车企业。随着岁月流逝，我们从1998年开始建立的友谊，已经超越了学者之间的学术合作。

之所以能够认识上述两位，以及上百位对全球汽车产业研究感兴趣的学者，并有机会到法国、日本、德国、波兰、瑞典、中国等国家参访世界著名车企，与创立于1992年的全球汽车产业研究组织Gerpisa是密不可分的。1998年，有幸受到我的博士论文导师、法国格勒诺布尔第二大学经济生产与发展研究所（IREPD）所长、经济学教授迈克尔·霍拉德（Michel Hollard），以及我的博士论文联合导师、法国国家科学研究中心（CNRS）研究主任、法国格勒诺布尔管理学院研究生院首席科学顾问让－雅克·查纳龙（Jean-Jacques Chanaron）教授的指点，我加入了Gerpisa的研究平台，并从此一直保持着联系。该中心联合创始人米歇尔·弗雷塞内（Michel Freyssenet）教授于 2020 年仙逝，但他留给汽车产业学者们的智力贡献与精神财富是巨大的。除了他与罗伯特·博耶（Robert Boyer）教授于 2002 年联合编辑的 The Productive Models: The Conditions of Profitability 一书之外，他创立的 Gerpisa 持续三十多年成为全球学者们自组织的汽车产业研究机构，历久弥新！目前的中心主任托马索·帕尔迪博士同意为本书作序，我们深感荣幸。

我研究的另外一个领域是中国企业全球化战略。感谢中国全球化协会（Chinese Globalization Association，CGA）的信任，本人从单纯地参与活动变成了 CGA 七人主席团成员。张文献教授是 CGA 的联合创始人之一，他在该领域已有多本著作问世。CGA 从成立至今，已经成功举办了十六届中国企业全球化论坛。十多年前，他能够前瞻地预见这个研究话题，并持之以恒地做学术研究，是令人敬佩的。我作为主席团成员，也多次组织与上海交通大学、华东师范大学、法国里昂商学院联合举办 CGA 论坛，包括疫情期间的全线上论坛，并有幸邀请到吉利李书福先生等企业家做主题演讲。

当中国汽车产业与中国企业全球化两大话题相遇的时候，碰撞出了本书！我们原先计划将已经于 2021 年由世界科学出版社（World Scientific Publishing）出版的英文版著作《吉利的崛起之道：全球车企格局中的中国新玩家》(Geely Drives Out: The Rise of the New Chinese Automaker in the Global Landscape) 做中文翻译，直接出版，过程中有幸通过智慧云创始合伙人陈雪频先生介绍，认识了机械工业出版社的编辑。在编辑老师的指点下，如何将一本偏学术的著作，转化为能够让更多中国企业管理者，商学院的 DBA、MBA 和 EMBA，以及其他项目的同学读懂的中文著作，是我们探讨的核心问题。在通过多轮的沟通之后，我们基本敲定了新书的框架。

本书的写作范式，也算是有创新之处，一方面，尽量将学者的研究用更为通俗的语言在正文部分呈现；另一方面，考虑到对工商管理多个细分领域的基础理论框架有兴趣，希望进一步了解相关内容的读者，我们还在主要课程之后做了延展阅读，即与本章相关的简单文献综述。本书的文献索引，鉴于版面有限，暂未在书中呈现，感兴趣的读者可联系作者获取或参阅本书英文版参考文献。同样，这部分内容也尽量用通俗易懂的文字进行表达，避免学术界的行文风格。本书通过对吉利案例的多视角剖析，用"课程"作为载体，使理论与实践相结合，邀请业界的管理者更有深度、更体系化（理论化）地思考，透过现象看本质，并由此对自己公司的成长、创新与可持续发展有更多的启示。

本人和张文献教授先前的学术论文的发表和书籍的出版几乎都是用英文撰写的，因此对中文的拿捏心存忐忑，再加上更新的框架的设计，等于重写一本新书，深感压力巨大。所幸，《每日经济新闻》美好商业研究中心前主任凌建平老师欣然同意加入我们的联合撰写，让本书的最终落地成为可能。

本书的撰写，首先是基于近年大量的一手资料的调研。我们在此要诚挚感谢浙江吉利控股集团的领导与管理团队，其中包括李书福、安聪慧、李东辉、刘金良、杨学成、李力、李岩松、朱凌、金广裕、王晨希、唐黎明、许强、罗凰凤、尹腾辉、迟峰、阿什·萨特克利夫（Ash Sutcliffe）以及法齐尔·塔奇丁（Fazil Taquiddin）等人。在我们的调研过程中，他们中的大多数人都亲自与我们见面，并为我们的研究项目提供了所需的有关企业信息。我们同时也非常荣幸得到方浩瀚、魏刚、彼得·霍伯里、珀·费德尔（Per Ferdell）、古尼拉·古斯塔夫斯（Gunilla Gustavs）、沈子瑜、拉斯·丹尼尔森（Lars Danielson）、罗文佳、刘胜诸位的帮助，对他们的采访使我们对吉利控股、中欧汽车技术中心和伦敦电动汽车、巴黎曹操出行等公司近年来的运营有了更全面的了解。当然，还要感谢要求匿名的产业专家和教授们，他们给予了我们更多深入的信息。

此外，我们还与瑞典哥德堡大学的克拉斯·阿尔斯塔姆（Claes Alvstam）、拉姆辛·雅科布（Ramsin Yakob）、英格·印弗森（Inge Inversson）教授就吉利的国际化进行了深入的交流，学术收获颇丰。另外，我们对理论研究框架的进一步扩展，也得益于李沛话博士在里昂商学院全球工商管理博士论文研究方面的工作，在此一并感谢。

本书的完成，同时还得到了我们的同事和朋友们的巨大支持和鼓励。在完整地经历了 2022 年疫情的背景下，我们非常感谢我们的家人、朋友和同事的耐心和包容。这个项目离不开法国里昂商学院管理团队的大力支持，茅立宸在前期做了大量的准备工作，黄欣宜全程参与了项目的管理，并用最大的热情协助本书的各项工作，以及每次研讨会议的召开。此外，我们也要感谢方璟能、成锦鸿帮助我们将最新数据更新，并反复核实数据源，尽最大努力确保数据的严谨性、可靠性，在此我们一并感谢。

在整个写作过程中，我们力求数据的准确与信息的客观，然而目前的版本应该离"完美"还有距离。我们也希望通过本书，与未来的读者，以及汽车产业的专业人士开展更多的深入探讨，并不断修订与完善本书。

中国正从汽车大国迈向汽车强国，我们借此书邀请更多有识之士，联手记录这段令人振奋的产业发展史，不仅让中国人，更让世界了解中国汽车产业的辉煌，向创业者和每一位默默无闻的贡献者致敬。

王华

2023 年 9 月于上海

推荐阅读

读懂未来前沿趋势

一本书读懂碳中和
安永碳中和课题组 著
ISBN：978-7-111-68834-1

双重冲击：大国博弈的未来与未来的世界经济
李晓 著
ISBN：978-7-111-70154-5

一本书读懂 ESG
安永 ESG 课题组 著
ISBN：978-7-111-75390-2

数字化转型路线图：智能商业实操手册
[美]托尼·萨尔德哈（Tony Saldanha）
ISBN：978-7-111-67907-3

最新版
"日本经营之圣"稻盛和夫经营学系列
任正非、张瑞敏、孙正义、俞敏洪、陈春花、杨国安 联袂推荐

序号	书号	书名	作者
1	978-7-111-63557-4	干法	[日]稻盛和夫
2	978-7-111-59009-5	干法（口袋版）	[日]稻盛和夫
3	978-7-111-59953-1	干法（图解版）	[日]稻盛和夫
4	978-7-111-49824-7	干法（精装）	[日]稻盛和夫
5	978-7-111-47025-0	领导者的资质	[日]稻盛和夫
6	978-7-111-63438-6	领导者的资质（口袋版）	[日]稻盛和夫
7	978-7-111-50219-7	阿米巴经营（实战篇）	[日]森田直行
8	978-7-111-48914-6	调动员工积极性的七个关键	[日]稻盛和夫
9	978-7-111-54638-2	敬天爱人：从零开始的挑战	[日]稻盛和夫
10	978-7-111-54296-4	匠人匠心：愚直的坚持	[日]稻盛和夫 山中伸弥
11	978-7-111-57212-1	稻盛和夫谈经营：创造高收益与商业拓展	[日]稻盛和夫
12	978-7-111-57213-8	稻盛和夫谈经营：人才培养与企业传承	[日]稻盛和夫
13	978-7-111-59093-4	稻盛和夫经营学	[日]稻盛和夫
14	978-7-111-63157-6	稻盛和夫经营学（口袋版）	[日]稻盛和夫
15	978-7-111-59636-3	稻盛和夫哲学精要	[日]稻盛和夫
16	978-7-111-59303-4	稻盛哲学为什么激励人：擅用脑科学，带出好团队	[日]岩崎一郎
17	978-7-111-51021-5	拯救人类的哲学	[日]稻盛和夫 梅原猛
18	978-7-111-64261-9	六项精进实践	[日]村田忠嗣
19	978-7-111-61685-6	经营十二条实践	[日]村田忠嗣
20	978-7-111-67962-2	会计七原则实践	[日]村田忠嗣
21	978-7-111-66654-7	信任员工：用爱经营，构筑信赖的伙伴关系	[日]宫田博文
22	978-7-111-63999-2	与万物共生：低碳社会的发展观	[日]稻盛和夫
23	978-7-111-66076-7	与自然和谐：低碳社会的环境观	[日]稻盛和夫
24	978-7-111-70571-0	稻盛和夫如是说	[日]稻盛和夫
25	978-7-111-71820-8	哲学之刀：稻盛和夫笔下的"新日本 新经营"	[日]稻盛和夫